感谢国家自然科学基金面上项目"舌尖上的治理：社
异质性与治理效应研究"（项目编号：72172098）、北京
人才培育计划项目（项目编号：BPHR202203186）的资助。

"舌尖上"的治理

社交媒体投资者信息能力
与治理效应研究

林 乐 著

Governance on the "Tip of the Tongue"

Information Abilities and Governance Effects of
Investors with Social Media

经济管理出版社
ECONOMY & MANAGEMENT PUBLISHING HOUSE

图书在版编目（CIP）数据

"舌尖上"的治理：社交媒体投资者信息能力与治理效应研究/林乐著．—北京：经济管理出版社，2023.9

ISBN 978-7-5096-9221-9

Ⅰ.①舌… Ⅱ.①林… Ⅲ.①上市公司—投资者—信息能力—研究—中国 Ⅳ.①F279.246

中国国家版本馆 CIP 数据核字（2023）第 172583 号

组稿编辑：梁植睿
责任编辑：梁植睿
责任印制：许　艳
责任校对：王淑卿

出版发行：经济管理出版社
　　　　　（北京市海淀区北蜂窝 8 号中雅大厦 A 座 11 层　100038）
网　　　址：www.E-mp.com.cn
电　　　话：（010）51915602
印　　　刷：唐山玺诚印务有限公司
经　　　销：新华书店
开　　　本：720mm×1000mm/16
印　　　张：11.75
字　　　数：191 千字
版　　　次：2023 年 9 月第 1 版　　2023 年 9 月第 1 次印刷
书　　　号：ISBN 978-7-5096-9221-9
定　　　价：78.00 元

前　言

社交媒体，特别是实时社交网站的出现极大地改变了信息在资本市场中生产和传播的方式，使公司及其利益相关者能够进行具有成本效益的实时在线对话。更重要的是，越来越多的投资者将社交媒体平台上的公司信息视为决策的信息性和可信性输入，同时它也在塑造公众舆论和影响市场反应方面发挥着关键作用。

本书是笔者正在主持的国家自然科学基金面上项目"舌尖上的治理：社交媒体投资者信息能力异质性与治理效应研究"（项目编号：72172098）的相关研究成果和过去几年学术成果的总结。针对投资者利用社交媒体与上市公司管理层进行沟通这一研究主题，本书从投资者角度研究了社交媒体沟通的信息效率与治理效应，对社交媒体和文本信息特征的研究领域进行了系统而全面的文献梳理，对文本信息的特征衡量进行了梳理与总结，并加入了两篇相关实证论文对本书的研究主题进行了验证。

特别感激以下合作者允许笔者将这些研究成果全部或部分修订后编入本书中。其中：

第五章"分析师预测偏差会影响投资者语调吗？——基于业绩说明会的文本分析"是在笔者主持的国家自然科学基金资助下，基于2007～2018年全景网业绩说明会数据，研究了分析师预测偏差对投资者问题语调的影响，从而反映了投资者沟通的信息效率。该章实证工作与内容是与本人所指导的首都经济贸易大学硕士毕业生李惠共同完成的。

第六章"投资者'发声'时，公司会倾听吗？——基于业绩说明会投资者的分红诉求"是与师弟廖珂、导师谢德仁合作的论文经翻译和修改而成的。本章基于2006~2015年中国上市公司网络业绩说明会数据，通过主题关键词提取投资者分红相关的问题，研究了投资者分红诉求对公司未来分红政策的影响，从股东积极主义的视角反映了投资者的沟通治理效应。

在这里要特别向众多给予笔者无私帮助的老师和组织致以衷心的感谢。自2012年以来，笔者的相关主题研究一直受到导师——清华大学谢德仁教授的指导和支持，由衷感谢老师对笔者的学术指引和无私支持。感谢同师门的兄弟姐妹，感谢首都经济贸易大学各位同事的帮助和支持。

最后，很难用言语来表达对家人的感激。感谢家人给予我无私的爱和支持。没有他们的理解、支持和帮助，就不会有本书的问世。尤其感谢我的爱人刘刚、女儿刘熙元在此书写作过程中的陪伴与支持。

林　乐

于首都经济贸易大学

2022年11月

目　录

第一章

概述

本章简要地介绍了本书的研究背景及研究问题、研究意义、研究难点及可能的解决方法，最后列出了本书的内容架构。

第一节　研究背景

自 2017 年 10 月党的十九大报告提出"我国经济已由高速增长阶段转向高质量发展阶段"以来，针对上市公司，2020 年 10 月国务院印发了《关于进一步提高上市公司质量的意见》，其中对信息披露及其公司治理作出了明确要求："建立董事会与投资者的良好沟通机制""以投资者需求为导向……优化披露内容，增强信息披露针对性和有效性""上市公司及其他信息披露义务人要充分披露投资者作出价值判断和投资决策所必需的信息，并做到简明清晰、通俗易懂"。可见，从上市公司角度来看，为保障与投资者的沟通机制的有效性与高质量的信息披露，需要考虑投资者基础及其信息能力。在此背景下，本书希望通过研究上市公司利用社交媒体与普通投资者进行互动沟通形成的信息效率及其治理效应，能够为上市公司在信息披露与公司治理方面的高质量发展和推动资本市场全面深化改革提供重要的参考价值。

信息是资本市场进行资源配置的依据。描述投资者信息获取和处理水平的投资者信息能力，是股价反映信息的微观基础，能够对证券市场的效率构成重大影响。就目前的情况来说，我国资本市场的参与者以专业化程度较低的中小投资者（俗称散户）为主。个体投资者在信息获取、处理与利用方面相较于专业的成熟投资者存在很大的劣势。由于与后者相比，个体投资者信息获取渠道相对较少，很少能够通过与上市公司管理层的直接交流获取信息，这导致了他们在投资决策过程中存在着明显的信息劣势（Bradshaw，2011）。利用互联网技术，监管机构推出了让普通投资者有机会与上市公司管理层互动的社交媒体平台，比如，深圳证券交易所（以下简称深交所）的互动易、上海证券交易所（以下简称上交所）的 e 互动以及深交所全景网上的业绩说明会等，具有实时性、丰富性、全面性等优点，使公司与外部投资者的沟通变得更加及时、广泛、低成本并面向所有投资者（Bushee et al.，2003）。

我国最早的网络互动平台应该是深交所推出的全景网互动平台，一开始是定期举行的上市公司业绩说明会、投资者活动日，以及各种重大事件（如IPO的网上路演）。2010年1月，深交所推出"上市公司投资者关系互动"平台（2011年11月，推出互动平台升级版，并取名为"互动易"），上交所也于2013年7月5日推出了"上证e互动"平台（以下简称"e互动"），均可供投资者24小时在线提问。这些网络互动平台相当活跃，已运行了相当长的时间，积累下数百万条数据，可以用来评估这类社交媒体信息效率背后的影响因素及其治理效应。互动沟通始于问题，而问题质量是由提问者的信息能力所决定的，也就是说，投资者的信息能力决定了网络社交媒体平台的价值所在。高质量的问题不仅能够得到管理层积极的回答响应，而且能让参与互动的其他人受益（产生信息溢出效应）。相反，若在整个互动时间内出现较多较差的问题，对管理层和其他较高水平的参与者来说，无疑是一种无谓损失（deadweight loss），有可能导致逆向选择和追随者效应（clientele effect）。

学界对这类与管理层互动的社交媒体平台的信息效率已有较多的研究，结果较为一致地认为这类网络互动平台是有效的，主要基于网络互动平台的整体性特征（谭松涛等，2016；丁慧等，2018a，2018b；孟庆斌等，2019）或在管理层回答端的文本信息特征（谢德仁和林乐，2015；林乐和谢德仁，2016，2017；甘丽凝等，2019；卞世博和阎志鹏，2020），这些研究都忽略了互动沟通是始于问题才产生的管理层信息披露，而参与此类互动的投资者是具有潜在异质性的，不同于以往研究中与管理层沟通的是分析师或机构投资者，可以直接忽视参与者的异质性来研究沟通有效性。因此，此类互动沟通效率最关键的是互动问题及其背后的投资者特征，包括其信息能力。本书将弥补有关互动问题端的研究空缺，利用业绩说明会这一社交媒体场景，从投资者问题文本出发，选取问题文本的语调、代表性主题等特征角度，研究投资者通过社交媒体展现的治理效率，一方面考察了社交媒体及其投资者信息能力的潜在治理作用，另一方面也为监管机构深入了解个体投资者的成熟度及其差异提供经验证据，为开展个体投资者教育工作提供有价值的参考意见。

第二节 研究意义

基于上述研究背景和尚存在的问题，本书利用自然语言处理技术（包括机器学习）选取网络互动问题端的多个文本特征，结合我国资本市场的投资者结构的现状，利用相关理论探讨社交媒体投资者的治理效应。不同于已有的那些考察微观层面个体投资者或市场宏观层面上整体投资者交易行为的文献，本书的研究情境聚焦在上市公司的投资者基础及其信息能力差异，并由此形成的治理效应的差异。可见，本书旨在从互动问题角度较为综合地考察社交媒体互动沟通的治理效应，拓展了与管理层的互动沟通、投资者信息能力（成熟度）、社交媒体、财经文本信息等相关领域的研究，对上市公司信息披露实践应对和监管机构的相关监管规则制定有重要启示。

具体而言，本书的理论价值体现在以下几个方面：

第一，本书从沟通参与者异质性这一视角拓展了与管理层互动沟通效率的相关研究。外部人参与管理层的信息沟通的有效性取决于参与人的专业程度，以往与管理层进行信息沟通的主要参与者是分析师或机构投资者，有着非常强的信息处理和解读能力，作为隐含假设或直接忽视了参与者的异质性来研究互动沟通有效性，但是开放式的互动沟通不限制参与人的身份，这带来了提问者信息能力的异质性，也导致这一隐含假设是不成立的，因此，有必要放宽这一隐含假设，对相关研究进行拓展，本书将是一次很好的尝试。借助于我国实践的开放式社交媒体互动沟通这一形式，参与者成熟度差异较大，正好是对互动沟通有效性形成机制的最好检验。

第二，随着信息技术的发展，投资者信息获取、信息处理的方式方法发生了巨大的变化，同时，投资者的信息行为逐渐可以被观察，信息技术的发展为投资者信息能力及其变化的研究提供了更加直接的证据，相关研究得到了极大的拓展，本书将为这一领域增添相关经验证据。本书利用普通投资者与管理层互动沟通所展示的信息能力拓展了有关上市公司投资者基础及其信息能力（成熟度）的相关研究，深入到投资者信息能力的治理效应这一研究领域，不仅可以深化理解公司群体投资者的相关行为与治理理论，而且有助于全面理解普通投资者信息能力在证券市场的作用效果和路径。

第三，本书对有关社交媒体在公司治理中作用的文献做出了贡献。先前的研究集中于常规媒体（即报纸、杂志和商业新闻）在众多公司治理结果中的作用，对社交媒体的研究则集中在其信息效率上，其治理作用的研究还远远不够，本书从多个治理效应角度为这一领域增添经验证据，也为社交媒体治理效应领域提供了一个新的研究视角。

第四，为我国财经学界利用相关的文本分析技术（包括机器学习）对财经文本信息的研究增添了多种文本特征的经验证据。最近六七年来我国的相关研究呈喷涌状，对用中文文字表达的文本信息展开了有意义、有针对性的研究，本书对同一文本运用多种文本特征维度加以拓展和综合，为后续研究提供可能的研究方向和研究设计方法。

本书的研究成果也具有重要的实践意义：

第一，信息技术的应用对于证券市场的健康发展和投资者保护至关重要。基于互联网的社交媒体式沟通平台是中国证券市场在投资者与管理层互动沟通方面的创新之举。这种制度创新是否能够对市场产生积极影响，实现证券监管部门预想的目的，需要研究者从不同角度给出评估。本书将投资者问题的相关文本特征与公司信息环境、投资者分红诉求等进行挂钩，研究公司投资者的治理效应，对这一制度创新的效果进行了检验，有助于监管机构更好地去规范管理这类互动平台，提升其运作效率。

高敬忠等（2021）认为，中国监管机构一直在探寻"转变政府职能，创新监管方式"的市场化监管路径。交易所通过网络互动平台形成上市公司和投资者之间的直接互动，从而调动了投资者直接参与上市公司信息披露的积极性，改变了以往监管体系中以行政主导的模式，也为促进信息传播与监管模式向市场导向发展提供了实践支持。

第二，本书为监管机构深入了解个体投资者的成熟度及其差异提供经验数据，有助于监管机构和券商等机构精准、扎实开展个体投资者教育工作。资本市场发展造就了投资者成熟度，进而决定了网络互动平台的价值和特征，这其中就包括网络互动平台上的问题文本特征。网络互动平台的有效性始终取决于问题的质量高低，是由其前定设置的投资者提问——管理层回答这一沟通属性决定的。因此，本书将从互动问题的文本特征入手，从投资者角度提供了社交媒体治理效应的经验证据，为之后的注册制推进和其他板块的开放等提供一定的建议。随着注册制的逐步推行和退市制度的改革，资本市场将发生较大的改变，越来越需要投资者专业化，有娴熟的信息获取处理能力，提高资本市场运行效率，是资本市场全面深化改革的一个重要举措。

第三，本书的研究成果有助于上市公司管理层改进信息披露实践与投资者关系管理，完善公司治理机制，促进上市公司高质量发展。本书借助于自然语言处理技术，从多个角度提取的问题文本特征初步揭开公司投资者的信息能力及其股东身份的诉求这一面纱，这种新衡量方法更有可能检测出投资者之间的复杂性以及机构投资者和散户投资者之间复杂性的区别，可能会引起管理者的兴趣。上市公司经理人在各种披露活动中投入了精力和资源，但不同种类的披露不一定是替代品，并且与投资者基础的复杂性相互作用与影响。因此，本书的研究结果有助于上市公司管理层改进信息披露实践，也有助于完善公司治理机制，促进上市公司高质量发展。

第三节　研究难点及可能的解决方法

本书研究难点及可能的解决办法主要有以下两点：

第一，对可能出现的内生性问题以及假说的可替代性解释。比如，投资者信息能力与公司的基本面、信息环境等特征以及治理效应可能存在横截面上的关联关系，即公司与投资者的匹配现象，这意味着重视信息披露质量的公司可能会有更强的意愿与投资者进行沟通交流，以及投资者能够预期到与信息披露质量好的公司管理层沟通可以更加有效地获取到自己需要的信息，这种预期管理下的动态博弈平衡情况就面临着变量互为因果带来的内生性问题。

对可能出现的内生性问题的处理，首先，我们在样本选择和数据处理上严格要求。其次，相对于互动问题的文本特征变量，我们对影响因素相关变量取过去一期值，对信息效率和治理效应的相关变量取未来一期值，以确保时间上的Granger 因果关系成立。最后，对于"逆向因果"（Reverse Causality）问题，将采用工具变量法和联立方程法加以解决，对可能出现的"遗漏变量"（Omitted Variables）问题，尽可能地加以控制，或者对于不随时间推移而变动的遗漏变量可采用固定效应模型加以控制，以及使用混淆变量的影响阈值（Impact Threshold of a Confounding Variable，ITCV）（Larcker and Rusticus，2010）分析检验混杂变量是否有重要影响。此外，我们将选择用差分模型来降低内生性，可以利用外生冲击政策和差异性监管政策（比如，融资融券制度的推出、沪港通等的市场开放），用PSM-DID 方法更好地解决内生性问题。此外，我们将利用多种稳健性方法，比如安慰剂检验（Placebo Test），以及横截面分析来排除可能存在的替代性解释和其他问题。

第二，互动沟通可能存在的两极分化和逆向选择问题。比如，重视信息披露质量且披露质量高的公司更能吸引投资者来沟通交流，且这些投资者成熟度可能更高；相反，信息披露质量较差或投资者关系管理较差的公司不太吸引人来参与互动，有可能只有一些很不成熟的投资者参与提问，提出的问题比较偏幼稚，存在两极分化。还会存在逆向选择问题，即如果都是由不成熟的投资者在互动中占优，会挤出成熟投资者的高质量问题，如此一来就会形成信息沟通的"柠檬市场"。那么，互动问题越来越只能反映参与的投资者信息能力，偏离公司投资者基础的信息能力，这也意味着网络形式的互动平台可能走向低效甚至无效，需要对这一现象进行评估。

我们可以从问题数量、同实地调研问题的比对（相似度衡量）、文本特征的纵向随时间推移的相似度变化、主题变化等几个方面进行分析，评估这个问题的严重性。对于逆向选择问题，本书假设的是普通投资者来参与互动提问，普通投资者相对于机构投资者或分析师来说，其信息能力较差，但是由问题反映的成熟度的差异描述了普通投资者之间的差异，如果"柠檬市场"的存在淘汰了信息能力相对强的普通投资者，那么问题文本的几个特征衡量方法还是可以衡量出其变动趋势的，因为衡量方法是对全样本使用统一标准。可以从变动趋势来判断这一问题的严重性，如果较明显地存在这一现象，也算是本书有了一个较好的研究发现。至于两极分化问题，出现好的公司互动可能会有更多的问题，问题多有可能导致可读性等文本特征的下降或上升趋势，可以用数据进行初步排查，验证文本特征与问题数之间是否存在一定的正的或负的相关关系，再通过研究设计加以消除影响。

第四节　本书的内容架构

本书主要从投资者提问题的视角出发，利用业绩说明会场景来研究社交媒体的治理效应。研究内容由以下六部分组成：

第一章，概述。该章首先介绍了本书的研究背景、研究意义和实证研究中出现的难点及可能的解决方法，然后给出了本书的内容架构。

第二章，业绩说明会的制度背景与特点。业绩说明会的制度安排属于强制和半强制的性质，但其互动内容属于上市公司的自愿性信息披露范畴，因此还需要遵循信息披露公平性原则。在分析完业绩说明会特点之后，本章还与非网络互动形式（主要以美国为主的电话盈余会议）进行了比较，同时也比较了其他类型的社交媒体（比如，互动易、e互动和股吧论坛等），以此来突出网络业绩说明会这一研究场景更适合我们研究投资者及其话语权的治理作用。

第三章，文献综述。本部分主要从社交媒体和文本信息特征对国内外相关文献进行了综述，尤其是对近年来国内的文献进行了重点梳理，发现国内对这两个领域的研究进展飞速。在社交媒体方面，本章从其主要的作用，即信息效率和治理效应展开；在文本信息特征方面，本章从语调、可读性、文本相似度、主题提取与分类四个维度出发，分别从它们在各应用文本下的影响因素、信息效率作用、经济后果以及披露动机等方面进行了文献综述。

　　第四章，文本信息特征的衡量。依旧从语调、可读性、文本相似度、主题提取与分类四个维度进行介绍与总结。

　　第五章和第六章分别选取两篇相关的实证论文，即《分析师预测偏差会影响投资者语调吗？——基于业绩说明会的文本分析》和《投资者"发声"时，公司会倾听吗？——基于业绩说明会投资者的分红诉求》。第五章从投资者问题语调出发，研究了分析师预测偏差对问题语调的影响，反映了投资者的语调具有一定的信息作用。第六章从投资者分红诉求出发，通过分红主题关键词和语调关键词的提取，研究了业绩说明会投资者的分红诉求对公司现金分红政策的影响，反映了投资者通过业绩说明会与管理层的互动有一定的治理效应，扩充了投资者的积极主义行为、投资者话语权的相关研究证据。

第二章

业绩说明会的制度背景与特点

　　本章对业绩说明会展开了制度背景介绍，并进行了特点分析，然后通过与分析师盈余电话会议（非网络形式）、投资者日常沟通的互动易、e互动等其他类型的社交媒体的比较，指出业绩说明会这一互动平台的独特性，以及可能的研究方向。

第一节 制度背景

业绩说明会最早始于 2000 年少数主板上市公司（如万科）的自愿召开，上市公司成规模地召开业绩说明会这一现象始于 2005 年，是由深交所对中小板上市公司做出的强制性制度安排，规定所有在中小企业板上市的公司，在每年年度报告公布后 10 天内，需使用在线平台"与投资者沟通"。继而又对自 2009 年成立以来的创业板上市公司强制性要求其至少每年召开网络业绩说明会。自 2009 年起，相继有陕西、宁夏、山西、河北等地的地方证监局借助"全景网互动平台"积极召集所管辖地域的上市公司开展集体业绩说明会，以促进公司与其投资者之间更好的沟通，属于半强制性制度安排。上交所鼓励并大力支持沪市上市公司自愿召开业绩说明会，并对未达到现金分红要求的公司要求其"在业绩发布会中予以重点说明"。

有关业绩说明会的信息披露规定主要有：①我国证监会在第 40 号令《上市公司信息披露管理办法》第五章"信息披露事务管理"第四十一条中指出，上市公司通过业绩说明会、分析师会议、路演、接受投资者调研等形式就公司的经营情况、财务状况及其他事件与任何机构和个人进行沟通的，不得提供内幕信息。②在 2022 年发布的《上市公司与投资者关系管理工作指引》第十七条中提到，"上市公司在年度报告披露后应当按照中国证监会、证券交易所的规定，及时召开业绩说明会，对公司所处行业状况、发展战略、生产经营、财务状况、分红情况、风险与困难等投资者关心的内容进行说明。上市公司召开业绩说明会应当提前征集投资者提问，注重与投资者交流互动的效果，可以采用视频、语音等形式"。

2020 年 1 月 22 日，深交所部分主板上市公司也被纳入强制性召开业绩说明会的范围中。深交所发布《关于纳入"沪深 300 指数"上市公司召开年度业绩说明会的通知》，要求纳入"沪深 300 指数"的主板上市公司在 2019 年年度报告披露后十五个交易日内举行业绩说明会。2021年3月，国资委首次发文对业绩说明会作出"硬性"规定，要求上市央企在年报披露后及时举办业绩说明会，原则上要求上市公司董事长、总经理亲自参加，相关工作落实情况纳入考核。

2022年4月，《证监会 国资委 全国工商联关于进一步支持上市公司健康发展的通知》提到，鼓励上市公司积极召开年报业绩说明会，充分利用数字化手段创新交流方式，直观展示公司经营及业绩情况，提升互动效果，增进投资者对企业价值及经营理念的认同感。可见，证监会对此高度重视。在对于业绩说明会的整体推动部署上，证监会不仅目标明确，而且策略得当、落地扎实，通过分类推进，已基本实现覆盖全市场且走向质量"双高"。

在举行业绩说明会之前，上市公司一般会提前对外公告相关业绩说明会的安排。上市公司按照要求一般举行年度业绩说明会，也有少数一些公司举行季度业绩说明会，举行季度业绩说明会的公司数目有缓慢增加趋势。另外，最近几年有些上市公司尝试在同花顺、约调研等其他非官方平台举行年度业绩说明会，根据追踪观察，2022年开始又有公司回归到全景网这一平台，这种频繁换平台的做法逐步暴露一些问题，比如投资者的关注和提问在减少。

第二节　特点分析

当然，在全景网或其他网址上举行的不仅是业绩说明会，一般还有投资者招待日、各种重要事件的网上路演等形式的互动沟通活动。全景网也可供投资者日常交流，但由于互动易和e互动的上线，日常沟通基本已经不活跃。之所以选取年度业绩说明会这一场景，主要是因为它是针对年度业绩进行的互动沟通，对投资者来说有针对性的年报信息输入，可以就年报披露的信息内容与管理层进行沟通，与日常互动平台不一定有新的信息输入进行的沟通形成了信息源的对比。

作为网络互动平台，其主要特点就是有与管理层沟通的机会、开放性和监管性等。首先，互动平台给投资者提供了与管理层接触和沟通的机会，且是一个开放性平台，投资者与上市公司的互动过程以在线文字形式呈现在网络上，供全体（包括潜在的）投资者所获悉。网络开放性这一特性保证了那些没有参加互动的投资者，可以通过观察平台的互动过程优化自身的信息行为，提高自身的信息能力。此外，平台网站都具有查询浏览等功能，事后并不被消除。

其次，互动平台是在官方主办的网站，处在交易所、地方证监局等的监管之下，具有事后追责的法定效力，这也是与微博等社交媒体不同的地方，同时还保证了互动平台上投资者信息获取行为不会受到诸如谣言这样错误信息的干扰，这点是不同于股吧或其他论坛的地方。交易所和地方证监局等机构会定期或者不定期检查上市公司回答互动平台相关问题和依法履行信息披露义务的情况，并将相关情况纳入上市公司信息披露考核当中。互动平台具有专业性与可读性，上市公司对相关问题的解答是法定信息披露的专业补充和解读，与专业的信息披露公告相比更加易于理解。同时，互动平台推出的个性化信息定制与推送服务，极大地提高了投资者获取所需信息的效率，是引导理性投资的有效工具。

再次，定期举行的业绩说明会并不能随时提问，大多在举行时间段内提问，会有参与人数较多、提问频次较高、在时间上较为集中等缺陷。互动的时限性导致互动参与在人数和异质性上有较大的区别，使互动呈现出的并非是单个投资者与管理层的断续性互动，而是群体性的连续性互动。日常互动由于具有随时提问性，就意味着没有几个投资者同时在平台上提问，且问题之间不一定会呈现相关性。业绩说明会是在一个特定的时间段内进行互动，那么所有要提问题的投资者归集在一起提问，问题和回答可以螺旋式地推进，不同专业程度和信息需求的投资者会问出各种问题，提问者之间也可以通过别人的问题更新自己的信息，相比较日常互动平台呈现出来的更有效率。

最后，对于上市公司来说，披露主要有事件驱动型的公告和定期报告。年度业绩说明会是在年报披露之后专门针对年度业绩举行的，所以投资者的问题虽然是不受限制的，但也更有可能集中地靠近于对当前和未来业绩的信息需求。业绩说明会集中在 2~3 个小时内有较多的投资者同时来提问，因此会呈现出问题主题较为多样性的特点。值得一提的是，业绩说明会参与回答的高管一般会有董事长、总经理、财务负责人等相关人员，相对来说高管异质性较大，回答问题相对来说也就没有那么模板化。

第三节　与盈余电话会议的比较

本书研究的互动平台是一种基于互联网平台的管理层接触方式。在互联网沟通出现之前，投资者（主要是机构投资者或分析师）与上市公司管理层之间主要通过电话会议、投资者见面会、私人会见或者到公司实地调研等方式进行沟通。这些沟通成为投资者获取上市公司经营信息的重要手段，并有效地提升了公司信息披露质量（Bushee et al.，2003；Kimbrough，2005；Bushee et al.，2011；Green et al.，2014）。

与美国典型的盈余电话会议（Earnings Conference Call，ECC）一样，中国公司的网络业绩说明会包括管理层陈述和问答环节，时间持续至少两个小时。任何投资者（股东和非股东）都可以参加业绩说明会，并与管理层讨论包括但不限于公司战略、经营业绩、支付政策、管理层薪酬和内幕交易等话题。投资者可以提出任何问题并将其发布到类公告板系统（Bulletin Board System，BBS）的平台上，让管理者和公众可以看到问题。然后，管理者对问题做出回应，他们的回答也对公众可见。值得注意的是，并非所有提出的问题都得到了管理层的回应，这一特点使我们能够测试企业回应能力的横截面差异及其可能产生的影响。然而，在召开 ECC 时，美国上市公司经理人更有可能选择那些对他们更有利的分析师来提问，这可能是因为他们在盈余电话会议上对管理层的批评程度较低（Mayew，2008）。这种预筛选过程可能导致所提出问题及其语气出现选择性偏差。表 2-1 对美国的典型盈余电话会议与中国的网络业绩说明会进行了比较。

表 2-1　中美盈余沟通会比较

	盈余电话会议（以美国为主）	中国网络业绩说明会
方式	自愿	强制或半强制
频率	季度	年度
及时性	伴随盈利公告	通常在盈利公告日之后 15 日内
形式	网络广播或电话会议	在线论坛
问答流程	一对一，即一次一个问题，然后由管理层回答	多个参与者可以同时提出和发布他/她的问题
参加情况	任何投资者都可以参与，但管理者有权选择提问人	匿名的普通投资者（不一定是分析师或机构投资者）
可视性	公众可以看到管理层	所有参与者都可以看到问题和答案

　　与传统的管理层互动方式（比如，电话会议、实地调研等）不同，基于互联网的互动交流在如下方面有着独特的优势和劣势：

　　优势主要体现在：对于个体投资者，网络平台的开通增加了其参与管理层互动的机会，进而提高了他们获取信息的准确性，降低了噪声对市场参与者的影响。根据中国互联网络信息中心（CNNIC）于 2023 年 3 月发布的第 51 次《中国互联网络发展状况统计报告》，截至 2022 年 12 月，中国网民规模达到 10.67 亿，互联网普及率达 75.6%。网络互动形式的信息传播是相当活跃和广泛的，比如各大股吧的交流等。网络信息交流已然成为趋势，这也意味着信息良莠不齐，谣言等信息也可以得到广泛传播，加强普通投资者与管理层的网络沟通机制建设，在一定程度上可以遏制负面作用，起到一些正面且积极的作用。

　　劣势主要是由提问方的身份（成熟度或专业性）不同引起的。传统的非网络式互动一般都是专业性投资者或分析师来与管理层互动，提问方的专业素养可以有效保证这类互动沟通的效率。而网络的开放性，使全部的投资者和其他利益相关者有机会去提问。但我国资本市场投资者中散户居多，更有甚者存在机构投资者散户化现象等，提问方成熟度不够导致互动时在信息需求、信息处理等方面存在着较大的局限性，提出的问题质量参差不齐，这些是决定这类互动平台（共有的但会存在差异）从问题一端出发是否有效的关键因素。

由此可见，提问方的问题质量决定了整个互动沟通中的信息效率及治理效果。正如我们可以在互动平台上看到的，有些问题过于幼稚，有些问题其实都可以从公司公开信息（比如年报）中搜索可得，这些质量较低的问题的存在，其实对于真正高质量的问题来说是一种妨碍，降低了它们的可见性和传播性，也同时降低了管理层回答问题的积极性，浪费了时间和精力，而由于互动记录的长期存在，还需要对这类幼稚问题保持一定的礼貌性，以防投资者的情绪波动等，使这种低成本的互动沟通有着较高成本的付出。相反，花费较大成本面对面交流这一形式，加上专业投资者的问题质量有保障，能有效保证与管理层互动的质量和效率。因此，挖掘形成网络互动平台信息有效的背后机制，即问题质量的影响因素，进而考察网络互动平台存在的效率以及可能存在的改进措施，亟待开展相关研究。

第四节　与其他类型社交媒体的区别

尽管有其他在线平台（包括互动易、e 互动和股吧等）可供投资者和公司经理人互动，但网络业绩说明会是投资者与公司之间最重要的和最有效的互动形式，原因如下：

第一，网络业绩说明会由监管机构半授权，大多数上市公司至少每年召开网络业绩说明会。

第二，由于公司在年度业绩和分红计划公布后、在年度股东大会之前召开业绩说明会，因此投资者在业绩说明会上提出的建议和诉求更具针对性和目标性。

第三，网络业绩说明会比其他在线平台更正式，因为公司高管和董事会成员与提出问题的投资者"面对面"进行双向互动对话。与其他开放式沟通平台（如 e 互动）不同，高管可能需要几天时间才能做出回应，而投资者讨论会（如股吧）则不确定管理层是否真正参与，这种差异也可能导致投资者的治理效率存在差异。

第四，业绩说明会一般不会产生谣言，但可以针对相关谣言进行辟谣，而其他社交媒体可能会产生谣言。阮宏飞等（2022）研究发现，互动易平台上公司与投资者之间的较高信息互动质量（用回复速度、回复率和回复详细程度衡量）显著降低了公司传闻形成的可能性①，投资者之间的较大信息互动强度（投资者之间通过股吧互动交流的程度，包括发帖、阅读和评论）减弱了传闻形成的可能性。

第五，虽然都是实时沟通，但业绩说明会是选在特定时段进行沟通，而不像微博等其他社交媒体是可以随时进行互动的，这一特点对投资者信息能力处理可能产生差异影响，也可能会产生不同的治理效应。

第六，网络业绩说明会是预先安排的，会吸引愿意发言的投资者的关注和参与。更高的投资者参与率可以转化为投资者与公司管理者之间更有效的沟通。

综上所述，网络业绩说明会这一研究场景更适合我们研究投资者及其话语权的治理作用。

---

① 尽管该研究发现是基于日常互动平台的数据得到的，但由于业绩说明会与日常互动平台一样，均由管理层参与互动，因此对公司传闻甚至谣言同样有抑制作用。

第三章

文献综述

由于业绩说明会是网络形式的多方之间的互动平台，其本质可以归类于社交媒体，以及互动交流的信息载体则主要以文本信息为主，间或混合着数字等定量信息，因此本章对社交媒体和文本信息特征的研究进行了较为翔实的文献综述，尤其是国内近年来在这两方面的研究如雨后春笋般地涌现出来。

第一节　社交媒体的文献综述

本书研究的是投资者与上市公司管理层在社交媒体上的互动所带来的治理效应，而治理效应一般是基于信息效率而来的，因此我们从信息效率和治理效应两个方面对社交媒体相关研究进行综述。

一、社交媒体的信息效率

社交媒体，特别是实时社交网站（比如 Twitter、Facebook、Glassdoor、Seeking Alpha、StockTwits、微博、股吧）的出现极大地改变了信息在资本市场中生产和传播的方式。这些社交媒体平台使公司及其利益相关者能够进行具有成本效益的实时在线对话。与其他类型的基于 Internet 的单向传播的公开渠道不同，社交媒体传播的互动性质使其可将公司的信息传递给感兴趣的利益相关者。具体而言，实时社交网络平台鼓励用户反馈，扩大对话，发展或加强公司与利益相关方之间的社会纽带，并向感兴趣的利益相关方提供即时信息（Blankespoor et al.，2014a；Blankespoor，2018；Elliott et al.，2018；Miller and Skinner，2015）。更重要的是，越来越多的投资者将社交媒体平台上的公司信息视为决策的信息性和可信性输入。

在最近的十几年中，社交媒体平台以至少三种方式彻底改变了基于 Internet 的公司信息的生产和传播。第一，大多数社交媒体平台采用直接访问信息技术，将信息直接"推"给用户，而不是要求他们主动寻求信息（Blankespoor et al.，2014b；Snow and Rasso，2017）。第二，社交媒体平台使公司无须通过信息中介机构即可实时启动和向用户传播信息（Kaplan and Haenlein，2010；Miller and Skinner，2015）。因此，社交媒体平台可帮助信息用户以低至零的购置成本找到并访问及时的信息。第三，社交网站允许用户创建和交换信息。社交媒体用户可以自由发布信息，回应公司提供的信息以及与公司和其他利益相关者进行多方向互动（Lee et al.，2015；Trinkle et al.，2015；Teoh，2018；Rennekamp and Witz，2021）。

换句话说，社交媒体中有关公司的信息不仅来自公司，还来自其他社交媒体用户，这些用户在塑造公众舆论和影响市场反应方面发挥着关键作用（Jansen et al.，2009；Bollen et al.，2011；Kietzmann et al.，2011；Bartov et al.，2018；Blankespoor，2018；Debreceny et al.，2019）。

1. 对于公司管理层来说

随着社交媒体平台将以前的被动信息消费者转变为强大的企业信息创建者和传播者，企业现在在管理其信息环境方面面临着前所未有的机遇和挑战（Kaplan and Haenlein，2010；Miller and Skinner，2015）。

公司使用社交媒体向利益相关者披露各种信息。公司是否在社交媒体上发布信息的决定受到同行业采用新媒体（如社交媒体、移动应用、RSS）的公司所占百分比、信息不对称性以及公司盈利能力、公司基本面（市净率、杠杆率）、分析师覆盖率、知名度、CEO 年龄和公司治理机制等的影响（Lee et al.，2015；Bhagwat and Burch，2016；Jung et al.，2018），而当信息是坏消息时，公司不太可能使用社交媒体传播盈利新闻（Jung et al.，2018）。高科技公司会在 Twitter 上"推送"新闻稿链接（Prokofieva，2015），这些链接与较低的异常买卖差价相关，降低了投资者的信息不对称性（Blankespoor et al.，2014b）。

在我国，有关上市公司利用微博进行信息披露的研究表明，治理水平越高的公司越倾向于开设微博且发布越多的与公司密切相关的信息，尤其是未经公司正式公告披露的信息以及经营活动策略类信息（何贤杰等，2016），这类信息会降低公司股价同步性（胡军和王甄，2015；何贤杰等，2018）。微博信息的披露显著提高了分析师盈余预测精度，而投资者对于微博发布的信息无法准确理解，此类信息主要通过分析师的信息解读作用进入股价（胡军和王甄，2015）。孙彤等（2021）发现，信息不对称程度较高的企业中的企业家更倾向于发布微博；企业家发布微博这一前台化行为有助于提升企业价值，表现在企业经营活动现金流增加和系统性风险降低。

2. 对于传统信息使用者来说

这里所谓的传统信息使用者，可以理解为公司外部的相关利益方（可能包括分析师、传媒人、客户等），主要是普通投资者，他们可以从社交媒体那里获取信息进行处理使用，也可以利用社交媒体生产信息。从社交媒体除公司之外其他用户的信息交流角度来看，社交媒体发布或包含的信息可以预测市场波动和交易量（Antweiler and Frank，2004；Sprenger et al.，2014）、股票换手率（Hong et al.，2014）、未来股票收益和未预期盈余（Yu et al.，2013；Chen et al.，2014；Baik et al.，2016；Bartov et al.，2018）、盈余反应（Curtis et al.，2016）和公司销售（Tang，2018）。

在我国，社交媒体形式主要有股吧、微博和监管机构设立的各种互动平台。有关投资者股吧交流的研究发现，股吧论坛同伴观点与股票未来收益和意外盈余呈正向关系，且同伴观点存在认同效应（金德环和李岩，2017）。公司股吧里投资者的发帖情绪越乐观，未来股价崩盘风险越高（孙鲲鹏和肖星，2018），但处于股吧中小投资者网络中心位置的上市公司股价崩盘风险越低（朱孟楠等，2020）。另外，网络论坛意见分歧与 IPO 溢价存在显著正相关关系（南晓莉，2015）。

利用投资者在雪球网的每日讨论频率来刻画其信息获取行为，罗一麟等（2020）以 2015~2017 年行业内每季度首次盈余公告为事件进行研究，发现行业内首次盈余公告窗口期内，未公告企业的投资者对本企业的讨论频率显著增长，且公告企业与未公告企业之间的信息传递效应随着个人投资者信息获取行为的增加而变强。此外，当未公告企业的信息环境较差，以及未公告企业和公告企业之间的经济联系较强时，个人投资者对同行业企业信息的依赖和利用程度更高。社交投资平台雪球网中投资者更高的社交参与度，尤其是在交易时间内的社会互动，可以通过提高投资者卖出亏损股票的比例来降低处置效应（孙毅等，2020）。这些研究的结果与群体智慧的观念相一致，即社交媒体用户发布的消息的聚合可提供与价值相关的增量信息。

然而，社交媒体的非信息效率也使公司管理层存在迎合行为。罗琦等（2021）研究发现，利用新浪微博盈余信息相关的发帖文本投建的投资者盈余乐观情绪与短期股票收益率呈正相关。投资者盈余乐观情绪越高，短期内股票价格被高估的程度越大，这种效应在意外盈余水平较高的情况下更为显著。管理者为了维持或推高公司股价，有动机通过盈余管理迎合投资者的高涨情绪，并且行业盈余同步性较低的公司实施盈余管理迎合的程度更大。进一步地，管理者实施迎合的手段还包括对公司财务文本信息进行语调管理。

基于大多没有实现的并购传闻，Jia 等（2020）研究发现，尽管与谣言相关的 Twitter 活动与合并实现的可能性无关，但 Twitter 活跃度更高的合并谣言引起了更大的即时市场反应，且这种价格扭曲在传言后几周持续存在，仅在八周后才出现逆转。社交媒体也有可能成为谣言的传播平台，阻碍了市场对潜在虚假信息的价格发现。

可见，社交媒体的互动性在扮演不同角色的各方之间存在着博弈，这使社交媒体的信息效率和治理效应都有可能存在较大的差异（variance）。

3. 交易所互动平台的信息效率

我国监管机构推出的社交媒体形式的普通投资者与上市公司管理层互动平台，主要有定期举行的年度业绩说明会、定期或不定期的网上投资者活动日、IPO 等重大事件的网络路演等形式的全景网互动平台、上证路演网、供日常交流使用的深交所互动易和上交所 e 互动。目前得到了较为一致的研究结论，即此类社交媒体具有一定的信息效率，而只有少数文献得到了相反的负面结论（徐寿福等，2022；李文贵和路军，2022）。

关于网上路演，卞世博和阎志鹏（2020）发现，IPO 网上路演管理层的"答非所问"与 IPO 抑价率、首日流动性和中长期表现均呈负相关。

关于业绩说明会，研究发现管理层回答语调具有增量信息（谢德仁和林乐，2015；林乐和谢德仁，2016，2017）、同业溢出效应（钟凯等，2021）和降低股权资本成本的作用（甘丽凝等，2019）。同理，高质量互动（用问答文本相似度来衡量）会有正面的市场反应，可以预测较好的未来业绩（卞世博等，2021）。

从特定互动内容角度看，基于网络业绩说明会中有关股票质押信息的互动交流过程，王艳艳等（2022）研究发现，随着公司股票质押比例上升，投资者在双向互动过程中的提问意愿增加，体现了投资者对特定信息的需求，而管理层回复意愿越积极，短期的正向市场反应越充分，为投资者提供了年报信息外的增量信息。

关于深交所互动易，研究发现，互动易平台设立后，深交所上市公司股价非同步性的提升幅度以及分析师盈余预测绝对偏差的降低幅度都比上交所公司大（谭松涛等，2016），以及投资者提问的负面语气能够显著降低公司的股价崩盘风险，但董秘回复的负面语气则与股价崩盘风险不相关（孟庆斌等，2019）。

关于上交所e互动，研究发现，e互动平台互动字数可以提高市场盈余预期准确性和降低盈余公告期的信息不对称（丁慧等，2018a），显著降低股价崩盘风险（丁慧等，2018b）。同样地，上市公司与投资者之间的高质量互动（用问答文本相似度来衡量）可以显著降低股价同步性和崩盘风险（卞世博等，2022），通过降低信息不对称水平提升股票市场定价效率。

基于两个日常互动平台（互动易和e互动）的数据研究表明，网络平台互动会降低业绩预告市场反应（陈皓雪等，2022）和公司权益资本成本（蔡贵龙等，2022），上市公司的高质量回复，以及投资者更加关注会计信息和融资事项，使公司权益资本成本降低的效应更强。借助2010~2018年83起环境污染曝光事件，范琳珊等（2022）研究表明，日常网络互动平台（从数量、内容及时效三个方面构建互动性指标）通过促进公司特质信息融入股价显著降低了信息传染效应和反转效应。张继勋和韩冬梅（2015）利用实验研究发现，网络互动平台公司管理层回复投资者提问的及时性和明确性与投资者的投资意愿呈正相关。

另外，网络平台互动则会放大投资者意见分歧，加剧上市公司的股票异质性风险（徐寿福等，2022），当企业在网络平台互动中回答问题的数量越多时，其股价崩盘风险越高（李文贵和路军，2022），但高互动强度（用有问有答的年互动数量来衡量）可以降低未来股价崩盘风险（陈华等，2022）。

二、社交媒体的治理效应

互联网社交媒体同样可以像传统媒体那样影响资本市场参与者的行为和监管层的关注（Antweiler and Frank，2004；Das and Chen，2007；Bednar，2012），具有与传统媒体类似的信息传递机制、声誉机制（Zingales，2000）和市场压力机制（田高良等，2016），发挥着一定的公司治理效应。Cade（2018）发现企业与投资者的社交媒体沟通与企业声誉一样会影响到投资者对投资企业的评价。

社交媒体的监督治理效应主要有两种机制：一种是具有传统媒体的监督治理作用，当上市公司管理层进行自利行为或破坏股东价值的决策与行为时，中小投资者将上市公司处于网络舆论"聚光灯"下（朱孟楠等，2020），管理层难以逃避这种舆论压力，以及有可能进一步引致资本市场惩戒和监管风险（沈艺峰等，2013；孙鲲鹏等，2020），从而在一定程度上可以抑制管理层的不良行为或对机会主义行为产生监督效应。另一种是充分发挥投资者信息能力异质性形成的群体智慧（wisdom of crowds），可以察觉并发现公司不良行为，并起到建议和监督的治理效应。Hsu 等（2021）研究发现，社交媒体通过收集群体智慧并发现其他与价值相关的信息在公司治理中发挥作用。

但是，"迎合假说"给出了另一种可能，即由于群体舆论给管理者带来巨大压力，因而改变了他们的行为，使管理层做出迎合举动，进一步有可能导致管理层的短视行为，尤其是当群体追求短期性业绩目标或其他非理性要求时更有可能如此。

诚然，社交媒体也可能不存在任何治理效应，即无效假说。这是因为，社交媒体由于参与成本低、范围广等特点，其内容往往良莠不齐、真假难辨，参与的普通散户投资者由于信息能力低下，产生的信息可能只是噪声，或者只是重申通过传统媒体（如报纸和金融网站）、分析师、机构投资者表达的观点，甚至只是复制公司已公开披露的信息，同时还有可能包含虚假信息。在业绩说明会这类的互动场景中，如果充斥着较多这类无效交流，那么投资者对管理层的批评和建议可能没有根据，即便存在少数几个信息能力强的投资者在做努力，也无法改变局面，也就无法形成任何治理作用。

1. 股吧的治理效应

我国的社交媒体治理效应主要集中在对股吧的研究，比如，遭到股吧网络舆论反对的增发公告后的市场反应显著为负，其后该定向增发预案通过相关部门审核的概率也显著下降，增发实施之后的公司业绩下降概率也更大（沈艺峰等，2013）。股吧小投资者的负面帖子能够预测潜在收购者后续撤回收购尝试的决定，且这种负面批评能预测收购决策之外的治理结果（Hsu et al.，2021）。股吧负面舆论可以提高国有上市公司高管的薪酬对会计业绩和市场业绩的敏感度，抑制国有上市公司高管与员工薪酬差距的增加（杨晶等，2017）。

2013年"诽谤信息被转发500次可判刑"这一互联网信息环境整治举措出台之后，公司股吧交流活跃程度（用发帖量、阅读量和跟帖评论量衡量）可以降低公司正向盈余管理行为（孙鲲鹏等，2020）。股吧投资者"用嘴投票"参与度越高，管理层进行盈余预测自愿性披露的概率越大，并且更愿意及时披露业绩下滑等坏消息（王丹等，2020）。

然而，也有研究表明股吧舆论会被公司大股东所利用和操纵。基于东方财富网股吧2016~2018年的热帖数据，董天一等（2022）构建了一种新的网络水军识别策略，研究发现，相较于未发生大股东减持，大股东减持期间内的水军活跃度显著上升。与没有水军参与的大股东减持相比，有水军参与的大股东减持公司超额收益率始终为正，但在减持完成后呈现出"断崖式"下跌的趋势。而金融机构及持股排名较低的大股东减持行为与水军活跃度的关系不明显，大股东在增持过程中并没有雇用水军的行为。

2. 交易所互动平台的治理效应

关于交易所日常互动平台的治理效应主要体现在公司的投融资决策、创新行为、经理人激励和审计风险（费用）等方面。在投融资方面，张新民等（2021）发现，高质量的互动式信息披露（用回复更频繁、更及时、更具实质性、更充分来衡量）与更低的股权资本成本和更高的净商业信用增加显著相关，而与银行信贷增加关系不明显。用提问与问答数量来衡量的网络平台互动能够显著缓解企业融资约束，具体表现为扩大企业外源融资规模（高敬忠等，2021），能够抑制上市公司的超额商誉（高敬忠和杨朝，2021a）和企业金融化（高敬忠和杨朝，2021b）。罗劲博和窦超（2022）发现中小股东社交媒体的产业政策信息反馈显著增加了企业并购产业政策支持项目的比重，中小股东在社交媒体的"发声"不仅会加大企业的股票价格波动，也会增强企业在并购时选择产业政策支持项目的偏好。

在创新方面，张金山等（2022）发现企业在互动平台上的信息答复完成度、及时性和针对性越好，企业创新水平越高，作用机制在于通过改善信息不对称、缓解融资约束、减轻管理者职业忧虑和减少大股东资金占用从而提高企业创新水平。潘红波和杨海霞（2022）发现深交所"互动易"平台投资者的创新关注有助于企业创新投入水平的提升以及企业创新产出和创新效率促进效应的扩大。

在经理人激励等其他方面，支晓强等（2022）研究发现，公司违规被曝光后，管理层与投资者互动沟通的积极性提高，有助于修复违规对投资者信任及公司价值造成的破坏。窦超和罗劲博（2020）发现中小股东在社交媒体平台上有关高管激励的"发声"会提高上市公司高管的业绩薪酬敏感性。赵杨和吕文栋（2022）发现网络互动平台上投资者对财务和业务的相关提问有助于降低审计风险，从而降低审计收费。

针对业绩说明会，Lin 等（2023）发现公司确实会通过增加未来现金分红对投资者分红诉求做出回应。具体来说，投资者提出的与分红相关的问题数量、对现有分红的不满的问题数量、公司高管的回复率以及董事长是否出席业绩说明会均与公司未来现金分红呈正相关。同时，因投资者发声增加的现金分红支出并未以削减未来投资为代价。[①]

可见，随着网络应用技术的不断发展，上市公司管理层利用社交媒体与投资者进行信息沟通的实践不断在开展。国内外研究主要集中在对社交媒体的信息效率和影响因素研究上，而对社交媒体互动的其他经济后果（包括治理效应）研

---

① 具体可参考本书第六章。

究尚未全面开展,尤其是对社交媒体内容的深入研究较少,本书的研究恰好从社交媒体投资者信息能力角度深入拓展社交媒体的信息效率与治理效应。

第二节 文本信息特征的文献综述

正如 Core(2001)提到,既然所有的参与者都用自然语言沟通,我们可以通过从计算机科学、语言学、人工智能等领域借鉴自然语言处理过程技术来加深对文本信息内容影响的理解,相关的研究是值得做的。

利用文本分析技术对上市公司文本信息披露的相关研究虽然在近 20 年来才兴起,但是已取得了较为丰富的研究成果。本书主要从涉及的文本信息的语调、可读性、文本相似度、主题提取与分类四个特征维度进行相关文献综述。而文本信息特征的具体衡量及其方法,即运用自然语言处理技术的解决,则专辟一章(参见本书第四章)介绍。

一、语调

从已有的研究来看,用来衡量语调的文本来源主要可以分为源自管理层的文本和源自第三方/外部人的文本两大类。其中,源自管理层的内部文本主要有定期财务报告以及其中包含的管理层讨论与分析等各文字部分(比如,前瞻性陈述、会计政策选择、经营成果和财务条件、风险披露、持续经营讨论等)、盈余新闻发布稿、重大事件公告、IPO 招股说明书、管理层盈余预告、财务重述报告、董事会主席致辞、致股东的信、分析师电话会议的管理层回答、产品说明会等,而源自第三方/外部人的文本则主要有媒体新闻报道、财务分析师报告、监管机构发布的报告(比如,交易所对上市公司出具的监管函)或监管文件、公司重大事件新闻发布相应的官方推介稿、微媒体文本(比如,Twitter、微博的帖文)、政治家演说等。从研究视角来看,本书分别从语调的信息作用、披露动机、经济后果和影响因素这四个方面进行文献综述。

1. 语调的信息作用

首先，早期的研究主要就语调的衡量和信息作用进行了联合的研究验证。Henry（2006，2008）基于盈余公告文本信息以及 Loughran 和 McDonald（2011）、Jegadeesh 和 Wu（2013）基于上市公司年报创建适用金融财务的语调词典或衡量方法构建管理层语调均发现管理层语调具有信息含量。

其次，已有研究文献发现，管理层语调是信息披露的一种衡量方式，利用不同的文本来源均比较一致地发现管理层语调具有增量信息含量作用（Kothari et al.，2009），亦即资本市场对管理层语调做出了与语调含义方向一致的反应（Henry and Leone，2009；Feldman et al.，2010；Price et al.，2012；Davis et al.，2012；Loughran and McDonald，2013；林乐和谢德仁，2016），可以用管理层语调来预测未来业绩（这同时说明管理层语调在事后被验证是可信的）（Demers and Vega，2011；Davis et al.，2012；Bochkay and Levine，2013；谢德仁和林乐，2015），对分析师预测产生重要影响（Druz et al.，2020；林乐和谢德仁，2017；钟凯，2020），有效地预测上市公司股票的收益率、成交量、波动率、非预期盈余和股价崩盘风险等市场因素（姚加权等，2021），以及存在同业溢出效应（钟凯等，2021）。

刘建秋等（2022）发现，社会责任报告的净正面语调会降低资产误定价水平。潘怡麟等（2021）以公司债券首次评级报告为样本发现，评级报告文本语调越消极，债券发行价格越高，债券违约的概率越大。

网络论坛同伴观点中的负面信息是其影响股票未来收益的主要成因（金德环和李岩，2017）。媒体报道语气越正面，股价同步性越高（周冬华和魏灵慧，2017）。同理，分析师报告负面信息披露与股价特质性波动呈显著负相关关系（朱琳等，2021）。然而，吴武清等（2020）发现，分析师积极的文本语调显著降低了所追踪公司的股价同步性，这一结果可以解释为，在做空机制欠发达的中国资本市场由于个体选择性知觉理论所导致。分析师积极的文本语调通过激励公司发布更多公告、引导机构投资者买入和吸引其他分析师发布研究报告，显著降低了股价同步性。

一些学者研究了管理层语调和定量信息之间的相互作用，目前的研究结论是混合的，即有研究表明这两者之间存在互替关系（Brockman and Cicon，2013；Li，2010），但也有一些学者发现两者之间为互补关系（Baginski et al.，2012；Davis and Tran，2012；Gordon et al.，2013），另一些学者的研究则表明两者之间是条件依存性的互补或互替关系（Bonsall et al.，2013a；Demers and Vega，2013）。

2. 语调的披露动机

公司信息披露的语调是由经济基本面和管理层动机共同决定的。由于市场存在投资者的注意力不够，对于利好的消息，管理层有动机提前发布或者偏于乐观发布，而在高成长性、当期恰好满足或刚刚够上盈余基准的公司，管理层在他们的盈余发布稿里会运用更低比例的总消极语言（Davis and Tama-Sweet，2012）。或者，管理层通过有策略性地改变对前瞻性和非前瞻性消息的相对运用，做到最佳披露（Bonsall et al.，2013b）。此外，在管理层的具体动机下，管理层会对语调进行"语调管理"（Huang et al.，2014；王华杰和王克敏，2018；原东良等，2021），与被感知向上的管理层活动（比如，刚好吻合盈余门槛、未来盈余重述、再融资以及收购与并购等）呈正相关关系，与被感知向下的管理层活动（如股票期权授予）呈负相关关系（Huang et al.，2014）。但这种语调管理与财务舞弊风险呈显著正相关关系（徐晨和张英明，2021），增加了管理层面临法律诉讼的风险（Rogers et al.，2011）。此外，利用语调来达到经理人机会主义行为的目的，CEO有更强的逆语调-内幕交易模式（Choi，2014；Brockman et al.，2017；曾庆生等，2018）。

刘建梅和王存峰（2021）研究发现，投资者对管理层讨论与分析（Management Discussion and Analysis，MD&A）披露正面语调和负面语调的反应具有不对称性，投资者对于正面语调不管是长期还是短期均做出了积极反应，而对于负面语调只有长期做出了消极反应。这可能是由于管理层出于私利动机，不希望负面消息被投资者解读，从而降低了负面信息的可读性，这表明语调与可读性的交互作用影响了投资者对文本信息的解读。对于异常正面语调，市场投资者短期和长期均做出了积极反应，这表明市场投资者不能识别和解读异常正面语调，而不同模态信息（如盈余信息和文本信息）之间的一致性程度能够帮助投资者识别异常正面语调，分析师也没有帮助投资者识别异常正面语调。但是，对于债券投资者来说，林晚发等（2022）研究发现，MD&A异常积极语调与预警Z值呈负相关，与债务重组、债券信用评级呈正相关，债券投资者能够在一定程度上识别语调操纵行为。

许晨曦等（2021）发现，年报超额净乐观语调含有较少的公司层面特质性信息，从而导致股价同步性的提高，损害了资本市场的定价效率。周波等（2019）研究发现，年报语调的积极程度对年报披露后的崩盘风险没有显著影响，然而在考虑了语调的真实程度之后，当真实程度低时，语调越积极，年报公布后的崩盘风险越大，这说明过于积极的语调可能是管理层进行印象管理的结果，并非是对公司前景的看好。

同理，马黎珺等（2022）研究发现，逻辑不一致的分析师报告在我国资本市场上较为常见，分析师策略性地处置和隐藏被跟踪公司的负面信息是导致研究报告逻辑不一致性的主要原因。逻辑不一致性降低了投资者对报告中信息的反应程度，加剧了公司未来的股价崩盘风险。

3. 语调的经济后果

在经济后果方面，管理层语调的信息增量可以作用于公司投融资决策，如管理层语调可以反映公司的财务风险厌恶程度（Ataullah et al.，2013），用于预测公司股票流动性（Bodnaruk et al.，2015），降低公司回报波动率和公司资本成本（Kothari et al.，2009；甘丽凝等，2019），增加企业债权融资规模，降低公司未来违约风险从而降低企业融资成本（林晚发等，2021；赵宇亮，2020），有助于提升财务危机预测性能（陈艺云，2019；苗霞和李秉成，2019），以及文本语调和公司自身以及竞争对手的投资决策存在关联关系（Durnev and Mangen，2011，2012）。

此外，赵昕等（2022）研究发现，MD&A正常乐观语调预示着企业更低的脱实向虚风险，MD&A超常语调预示着企业更高的脱实向虚风险。而王海林和张丁（2021）研究发现，国家审计语调与国有企业风险承担水平之间呈现倒"U"型关系。客户消极的年报语调会促使供应商企业持有更多的现金（底璐璐等，2020），同时也导致供应商企业支付较高的审计费用（徐晓彤和李淑慧，2021）。

对战略和企业创新方面也有一定的作用。管理层积极语调对企业未来战略差异具有显著预测作用，而异常积极语调成为企业掩饰特定战略行为之手段（周升师和苏昕，2023）。管理层语调正向影响企业创新（林煜恩等，2020）和绿色创新水平（于芝麦，2022）。乐观的企业家市场预期与税收激励对企业研发投入具有激励效应，而悲观的企业家市场预期抑制企业研发投入（杨兵和杨杨，2020）。不仅如此，同行管理层讨论与分析语调亦对企业创新投资产生正面溢出效应（李姝等，2021）。

在企业履行社会责任方面，管理层语调可促进慈善捐赠，进一步地，高管的贫困经历以及党员身份均可以加强管理层语调与慈善捐赠之间的正向关系（范黎波和尚铎，2020）。此外，国家审计结果公告负面语调显著提升国有企业的社会责任履行水平（潘俊等，2020）。

国家审计净语调、负面语调和非真性警示语调对企业真实盈余管理具有抑制效应（王海林和张丁，2019），管理层语调可以降低被出具非标准审计意见的概率（李世刚和蒋尧明，2020）和审计费用（梁日新和李英，2021）。

4. 语调的影响因素

在影响因素方面，研究发现，拥有首席财务官（CFO）经验的董事会表达出的语调更加具有负面性和不确定性，以及审计委员会的财务会计专长能够减少MD&A过度乐观的语调（Lee and Park，2018）。当公司存在异常审计费用时，分析师会在下一年降低分析报告中的积极语调，这一结果主要出现在存在负向异常审计费用时（王永海等，2019）。历史期望落差与企业年报异常积极语调呈负相关，而社会期望落差与企业年报异常积极语调呈正相关（姜绍静等，2023）。卖空机制能显著减少管理层的净正面语调，特别是对浮夸的正面语调有较强的约束作用（张璇等，2022）。交易所对上市公司的问询函监管能够通过供应链传导到下游客户，提高客户管理层语调的积极性（王海林和付文博，2022）。

二、可读性

哈贝马斯有效交流理论提出，可理解性是指语言只有符合言语规范时，言语交流双方才能相互理解。只有当信息的表现方式和所用术语是合乎使用者的知识范围时，信息才具有可理解性。阎达五和李勇（2002）认为，只有与信息使用者理解能力相匹配时，管理层与信息需求者围绕公司经营状况所展开的沟通才能准确、流畅，信息需求者遗漏误解的比率才会降低，信息传递才能实现高效率。可见，信息沟通的一个重要维度就是可理解性。

对于大多情况下来说，文本信息在信息沟通中占据很大比例，在文本信息中，可理解性最贴切的指标是文本可读性，其反面就是文本复杂性。比如年报，由于大量运用财务会计术语导致其专业性强，信息表达方式和阅读程度不一定被大多数信息使用者所接受和理解，就会出现语言理解难度高于信息使用者的认知能力。

换句话说，可读性是信息复杂性衡量的一个维度，它主要基于语言复杂性而来，对语言复杂性和可理解性等是一个较好的衡量方式。针对财务相关的文本信息，一些文献对可读性的衡量方法及比较进行了研究（Loughran and McDonald，2014；蒋艳辉和冯楚建，2014；丘心颖等，2016；Badawy and Ibrahim，2016；Bonsall et al.，2017；王克敏等，2018），有关可读性的衡量方法具体参见本书第四章相关内容。

1. 可读性的信息作用

从可读性的信息披露有效性角度出发，主要研究发现包括：可读性较高的公司有更持续的正盈余（Li，2008）、更好的未来财务业绩（蒋艳辉和冯楚建，2014），以及更高的MD&A应计的解释力度（Frankel et al.，2016）。而当公司有更复杂的年报时，投资者的反应不足更明显（You and Zhang，2009），对于未预期到的更长和更难读的公司季报会有更低的盈余反应（Lee，2012），这也解释了报告可读性差是导致PEAD存在的一个原因。但利用中国的相关数据却发现不一致的结果，即业绩较差公司的年报文本信息复杂性的短期和长期市场反应更积极

（王克敏等，2018）。

更加复杂（即更长和可读性更差）的财务报告与更低的总交易有关联关系，主要源于小投资者交易活动的减少（Miller，2010）。年报可读性差会导致股价崩盘风险加大（Ertugrul et al.，2017；Kim et al.，2019），主要是因为经理人通过撰写复杂的财务报告成功隐藏不利消息。但也有研究表明，年报复杂性越高的公司自愿披露越多信息以减轻其带来的负面效果（Guay et al.，2016）。

年报可读性较差的公司有更多的分析师跟踪、花费更多的精力去产生分析师报告和更高的报告信息含量，但会导致分析师预测离散度更大、精确度更低和总的不确定性更大（Lehavy et al.，2011）。利用中国的数据研究发现，年报复杂性与分析师跟进度存在显著正相关关系，与分析师预测信息含量和分析师预测质量不存在显著正相关关系（丘心颖等，2016）。当公司披露的年报可读性较低，机构投资者还可以从其他渠道获取信息，如实地调研等方式（逯东等，2019）。此外，科创板 IPO 审核问询回复函叙述性披露内容越多、可视化信息量越大、文本可读性越高，机构投资者询价意见分歧越小（薛爽和王禹，2022）。

利用分析师在盈余电话会议上不存在混淆信息动机这一假设，Bushee 等（2018）用季度盈余电话会议的分析师语言复杂度（Fog 指数）分离出管理层语言复杂度的信息部分和混淆部分，结果发现，语言复杂度的信息部分与信息不对称呈负相关关系，而语言复杂度的混淆部分与信息不对称呈正相关关系。

2. 可读性的经济后果

从经济后果出发，主要研究结论相对一致，即可读性高会产生利好的经济后果，而可读性差会带来不利的经济后果。具体地，文本信息可读性有助于降低信息处理成本和提高借款成功率（陈霄等，2018），可以降低股权资本成本（Garel et al.，2019）、缓解融资约束（李春涛等，2020；逯东和宋昕倍，2021）、降低债务成本和提高债务评级（Bonsall and Miller，2017）、降低现金持有需求（Hasan and Habib，2020）、降低公司对银行贷款的依赖程度（Chakraborty et al.，2022），以及当公司借款时会有更宽松的借款条款（Ertugrul，2017）。在网络贷款情境中，不同的模式下可读性对借款成功率和借款实际利率呈现不同的影响方式（彭红枫等，2016）。

当财务报表附注可读性越差时，审计报告滞后越长，有更高的审计费用和更有可能收到第一次的非标审计意见，以及更高的财务报告误报可能性和未来会计法律风险（Abernathy et al.，2019）。此外，利用我国的相关数据发现，年报可读性高可以降低代理成本（Luo et al.，2018）。客户公司的管理层盈余预告报告可读性越高，其供应商投资效率越高（Chen et al.，2019）。文本信息的可读性可以提升公司价值（Hwang and Kim，2017；王克敏等，2018）。然而，年报可读性高会抑制企业创新（李春涛等，2020），以及管理层通过操纵年报文本信息复杂性，可以获取更高超额薪酬（王克敏等，2018）。

3. 可读性的影响因素和披露动机

对可读性的影响因素研究结果表明，文本复杂性（可读性的反面）可以被经理人策略性地用来应对各种动机或不利因素。当业绩越好时年报可读性越好（Li，2008），但为了混淆不可操纵的差业绩（DeHaan et al.，2019；王克敏等，2018），以及当管理层需要在当年更好地达到上一年度盈余水平（Lo et al.，2017）时，会用更复杂的语言进行披露。当未来盈余增长比较差时，管理层利用语言复杂性来混淆，而当未来盈余增长很好时，就用语言复杂性来提供有用的信息（Huang and Bushee，2019）。

卖空机制会降低负面消息的精确度和可读性（Li and Zhang，2015），这种效应在公司受到较少投资者关注和更差的坏消息时会更显著（Sun and Xu，2022）。我国"沪港通"机制的实施提高了标的公司的信息可读性（阮睿等，2021）。

此外，经济不确定性（丁亚楠和王建新，2021；Jiang et al.，2022）、通货膨胀（罗勇根等，2018）、基于创新前景的商业战略（Lim et al.，2018）、税务激进性（Beuselinck et al.，2018；于明洋等，2022）、腐败（Lopatta et al.，2014）、关系型企业（任宏达和王琨，2018）均会降低财务报告可读性，但法律风险的降低（Ganguly et al.，2021）、员工持股（Bova et al.，2015）、管理层才能（Bonsall et al.，2017；王艳艳等，2020）、董秘声誉（孙文章，2019）、信息发布者的会计背景（孙文章，2021）、被监管问询（李晓溪等，2019；翟淑萍等，2020；

胡志强和王雅格，2021）会提高财务披露的可读性，也有一定的正向溢出效应（翟淑萍等，2020）。类似地，分析师能力越高，其报告可读性越高（De Franco et al.，2015）。

4. 可读性的实验研究

有关可读性的实验研究，一般都是结合心理学相关成果，研究了信息可读性对投资者判断与决策的影响。基于具体的语言（意味着可读性高）可以提高投资者评估其自身投资能力的舒适感，Elliott 等（2015）发现，与突出显示抽象语言时相比，在招股说明书中突出显示特定具体语言时，投资者明显更愿意投资于此类公司，这说明当投资者对公司的心理距离较远时，具体语言的影响尤为重要。

而当公司披露可读性差时，会给投资者造成不好的印象，以至于投资者要更多依赖外部信息，其价值判断更多受外部信息影响；反之，也意味着投资者可能会过度依赖可读性高的披露，同时打折相关的外界信息来源（Asay et al.，2017），基准业绩就会影响可读性对投资者的业绩判断。Tan 等（2015）发现，当基准业绩（使用以前的管理指导和一年前季度业绩作为评估实际盈利业绩的两个基准）不一致时，积极趋势业绩的可读性越高，对投资者的业绩判断越有利。而当基准性能一致时，可读性的影响较小。在不一致的基准业绩条件下，更高的可读性提高了投资者对公司当前季度业绩的理解程度，也导致他们对公司未来绩效更积极的判断。

当可读性较低时，语言情绪会影响投资者的判断，而当可读性较高时，语言情绪不会影响投资者的判断（Tan et al.，2014）。具体来说，当可读性较低时，以正面语言进行的披露会导致非老练的投资者较高的收益判断和较老练的投资者较低的收益判断。更具可读性的披露会引起小投资者的强烈反应，即当新闻为好消息时，估值判断的变化更为积极，而当新闻为坏消息时，估值判断的变化则更为消极。从心理学角度来讲，从更具可读性的披露中获得的处理流畅性可作为潜意识启发式提示，增加了投资者对他们可以依赖披露的信任（Rennekamp，2012）。

综上所述，从可读性的影响因素（包括披露动机）、信息有效性与经济后果来看，多数情况下文本信息的可读性高是好事，上市公司管理层有动机通过降低信息的可读性来达到操纵信息的目的。投资者比较认同可读性高的文本信息，尤其是对于不成熟的投资者来说更加如此。这是因为，比如，美国上市公司年报的迷雾指数（Fog Index）平均高达 20，根据这个指标的标准可以解释为年报文本信息是不可读的（unreadable）（Li，2008）。

上述基于公司管理层、分析师为代表的成熟投资者的文本信息披露研究，均暗含了"这些信息本身是难以被理解的"这一前提假设，所以研究结果表明的"可读性高是好事"这一结论是有前提的。正因如此，从可读性的定义以及上述研究结果可以看出，文本信息的可读性对投资者的信息理解与处理能力有一定的要求，对信息需求也会产生影响。

三、文本相似度

基于考察角度的不同，文本相似度可以衡量出比较前后时间的纵向相似度，以反映时间上的变动情况；比较个体之间的横向相似度，以反映个体之间的差异。可以说，文本相似度所代表的主题丰富多样，开拓了很多研究主题的新视角，得到了很多有趣的研究发现。

1. 文本相似度的信息有效性

在信息有效性方面，Brown 和 Tucker（2011）发现前后时间修改更多的 MD&A 市场反应更大，同时还发现 MD&A 修改程度逐年下降，其有用性也在降低。与此相反，Cohen 等（2019）发现，实际上，公司定期报告很少发生重要或实质性变动，结果是纵向文本相似度越高其股票回报率越高，存在对冲收益。Amel–Zadeh 和 Faasse（2016）用年报内不同的展示地方即 MD&A 和脚注文本的各自纵向相似度进行比较，发现投资者对 MD&A 反应更强更及时。利用我国的相关数据，赵子夜等（2019）发现，纵向样板化（即纵向相似度高）的经济后果呈现相机抉择性，即当公司财务风险高时，信息效应占优，样板化的报告引发负面的市场评价，而当公司财务风险较低时，风险效应占优，样板化的报告则引发市场的好评。

另外，财务报告横向样板化（即横向相似度高）则引起了整体的负面评价。从与同行业横向比较来看，经营业务竞争越激烈的公司股票收益率越高（田高良等，2019），公司股价与其业务相似公司股价在时间跨度上产生联动效应（吴璇等，2019），股价同步性和股价崩盘风险越高（宋昕倍等，2022）。类似地，银行 MD&A 横向相似度与该银行当期股价收益、银行系统未来股价收益以及未来股价收益分布下尾部的联动性呈正相关（Bushman et al.，2016）。横向比较的公司 MD&A 展望部分信息含量高能够显著降低未来股价崩盘风险（孟庆斌等，2017）。可读性高、（横向）相似度高和词汇多样性的季报披露与更低的总不确定性和系统共同的不确定性有关（Bozanic and Thevenot，2015）。

对于公司新闻来说，短时间内媒体可能只是重复之前的新闻，并没有增加新的信息，但这类信息复制对于有限注意力的投资者来说还是有价值的（Tetlock，2011）。

此外，货币政策报告的文本情绪的改善会引起显著为正的股票市场价格反应，报告文本相似度的增加会引起股票市场波动性的显著降低，报告可读性则对波动性影响不显著（姜富伟等，2021）。

2. 文本相似度随参照系选取的不同表征

基于文本相似度（或称为可比性）的衡量可以突破以往固定或者难以衡量的研究主题，例如，通过对比不同公司产品描述信息进行划分的行业分类比传统的用主营业务划分的行业分类要更加精确（不再是 0 或 1，而是连续程度的相关性）、更具时变性、更面向未来，具有空间聚类效应和两两匹配的网络性质，对投资更有指导意义（Hoberg and Phillips，2010，2014，2016；Frésard et al.，2017）。其中，较有代表性的是，Hoberg 和 Phillips（2016）基于年报中强制披露的产品描述信息的可比性构建了基于文本的网络状行业分类（text-based network industry classifications），并将构建的衡量与传统的行业分类进行了细致的比对，以检验这一新的基于文本相似度衡量方法的正确性，发现基于文本的行业分类可以更好地解释行业之间利润率、销售增长率和市场风险等主要特征的差异，同时还可以更好地解释经理人在年报 MD&A 中提及的高竞争度和竞争对手，以及为了产品差异化所做的广告和 R&D 投入。

根据参照系选取的不同，文本相似度所表征的主题是不同的。除上述提到的产品市场竞争程度之外，用一段时间窗口内的已发行的 IPO 公司招股说明书作为参照系来衡量后来 IPO 公司与他们之间的文本相似度，分离出其特定信息，会降低 IPO 抑价（Hanley and Hoberg，2010，2012；郝项超和苏之翔，2014）。IPO 网上路演管理层的"答非所问"（用文本相似度衡量）与 IPO 抑价率和中长期市场表现呈负相关，与首日流动性呈正相关（卞世博和阎志鹏，2020）。用盈余电话会议管理层精心准备的展示部分作为参照系，将管理层在问答部分的用词相似度高来衡量其自信心缺失程度高，会出现负的市场反应、分析师下调评级、未来未预期业绩更差以及信息不对称增加等负面后果（Lee，2016）。用财务舞弊样本和正常样本进行比对，舞弊公司披露更少细节和更多正面的业绩信息，以及管理层会更少提到自己（Hoberg and Lewis，2017）。

3. 文本相似度的经济后果

在经济后果方面，MD&A 惯性披露（纵向相似度高）与股权资本成本之间存在正相关关系（蒋艳辉和冯楚建，2014）。会计政策一致性与盈余质量呈正相关，同时与更低的信息不对称有关（Peterson et al.，2015）。

用过去曾经被起诉过的 IPO 公司招股说明书作为参照系，有较高文本相似度的后来 IPO 公司会有更高的法律风险（Hanley and Hoberg，2012）。MD&A 与上一期相比相似度越高，上市公司当期因违规行为被监管机构处罚的概率越高；非 MD&A 与上一期相比相似度越高，上市公司当期被监管机构处罚的概率越低（钱爱民和朱大鹏，2020）。李成刚等（2023）利用 MD&A 文本相似度、文本情感值、文本可读性三个维度文本披露指标发现，加入这些指标后，信用风险预警模型的预测准确度得到显著提升，多维度指标比单维度指标对预测准确度提升效果更优；不同特征的文本信息内容与企业是否发生信用风险均显著相关。

当产品更趋同时，竞争对手公司更有可能聘用同一审计师（Bills et al.，2020），分析师出具的研报文本信息含量更高（刘昌阳等，2020），而年报反映的公司战略变动（李莎等，2019）、年报风险信息披露变动（王雄元等，2018）与审计收费呈正相关。以较低文本相似度代表的较高关键审计事项信息含量能够降低公司债券发行定价（宋建波和冯晓晴，2022）。

4. 文本相似度的影响因素

在考察文本相似度的影响因素的相关研究中，主要发现包括：以纵向相似度为角度，研究表明，当公司有较大经济变动（Brown and Tucker，2011）或更换审计师（葛锐等，2020）时，会更多修改 MD&A 或年报信息，即文本信息纵向相似度更低，而当公司雇用了新 CEO、在附注里有更高水平的新披露、发行股票、公司要错失上一年的业绩基准时，或在发生违规后（谭建华和王雄元，2022），公司倾向于用更多重复的披露（Li，2017）。而当 CFO 在公司中地位越高时，他们能够更好地履行自身职能，越有助于遏制管理层报告流于形式的做法（游家兴等，2021）。

以横向相似度为角度，研究表明，国际财务报告准则（International Financial Reporting Standards，IFRS）有助于增强同行业公司的可比性（Lang and Stice-Lawrence，2015）。张勇和殷健（2022）研究发现，与不存在会计师事务所联结的两家企业相比，存在会计师事务所联结的两家企业的会计政策相似性水平更高。两家企业由上年度不存在会计师事务所联结关系变更为存在联结关系，以及向其联结的两家企业派遣的审计师重合程度较高，均提高了企业之间的会计政策相似性水平。田高良等（2021）发现同一年份行业内，被同一家会计师事务所审计的公司在披露事项类别文本相似度、披露详细程度、语调指标和可读性指标上都具有显著更大的相似性，因而在关键审计事项角度更能显示出独立的审计风格。当公司有多个大股东时，其融资约束水平较低，该公司与有融资约束的样本公司的文本相似度越低（姜付秀等，2017）。

由上可见，直接做文本相似度特征的影响因素的实证研究较少，这是因为，通常情况下，文本相似度的衡量都是对考察的特定主题所做的研究设计，而这些研究要先对衡量出来的文本相似度是否可以表征特定主题进行正确性检验（validation test），即用该特定研究主题的主要影响因素来回归加以验证，所以直接呈现为影响因素分析的文献就会变得稀少。

综上所述，文本相似度的应用主要取决于研究主题的特定性，其值的大小并不像语调、可读性那种具有绝对的方向性。由上述研究亦可知，信息纵向变化大、横向差异大并不一定是好事或坏事，都有各自的解释。在解释信息作用方面，文本相似度考察了投资者的信息处理成本（包括处理时间、注意力分配等），也表征了投资者的认知能力。

四、主题提取与分类

对于多主题混合在一起的综合性文本信息，对其进行主题分类，或选取特定主题进行研究，一直以来深受研究者们的青睐。

1. 单个主题的提取研究

针对特定主题，往往先构建相关关键词列表，然后利用主题关键词列表搜索相关文本，完成单个主题的提取。比如，通过筛选事件窗口内含有"增发"字样的所有帖子，再构建反对指数。沈艺峰等（2013）发现，遭到网络舆论反对的增发公司，其定向增发公告后的股票超额收益率显著为负，其后通过相关部门审核的概率也显著下降，增发实施之后公司业绩下降的概率也变大。蔡贵龙等（2022）对投资者在互动平台上提问的问题内容进行文本分析，研究发现，当投资者更加关注会计信息和融资事项时，投资者与公司的信息互动对公司权益资本成本降低的效应更强。

针对 MD&A 文本，构造出两组"推迟投资"词语列表作为有推迟投资含义的融资约束文本（Hoberg and Maksimovic，2015；Buehlmaier and Whited，2018），姜付秀等（2017）发现有多个大股东的公司融资约束水平较低，主要通过抑制控股股东的掏空行为降低了企业融资约束。潘欣等（2022）以 2016~2019 年中小板和创业板发生的 1316 个并购事件为研究对象，通过文本分析法构建融资约束指标，研究发现，并购重组业绩承诺签订行为和业绩承诺总金额能够显著降低企业融资约束；相比强制性业绩承诺，自愿性的业绩承诺更能缓解企业融资约束。

公司前瞻性信息披露水平与公司现金持有价值呈正相关关系（田高良等，2023）。将微博上发布的几类与公司经营状况密切相关的信息判断为经营活动及策略类信息，何贤杰等（2018）发现，微博信息中经营活动及策略类信息占比越高，公司股价同步性越低。

通过风险关键词构建风险信息披露，发现年报风险信息披露降低了银行贷款利率（王雄元和曾敬，2019），降低公司权益资本成本（王雄元和高曦，2018），提高分析师预测准确度（王雄元等，2017）。定性的未来供应链风险披露吸引了更多的分析师关注，尤其是吸引更多执业时间长和具有行业专长的分析师（何捷和陆正飞，2020）。同样地，客户风险披露能够降低分析师预测的乐观偏差、提高分析师预测准确度（何捷和陆正飞，2020）。

潘红波和杨海霞（2022）采用文本分析方法定义企业竞争关系，借助WW指数构建竞争者融资约束指标，研究发现，企业并购概率、并购频次及并购规模均随竞争者融资约束的增加而增加，且"去杠杆"政策引发的竞争者融资约束会促进企业并购行为。竞争者融资约束对企业并购行为的促进效应随着同行竞争效应的增加而增加。竞争者融资约束增加企业技术并购倾向和企业并购绩效。

戚聿东等（2021）通过文本分析法构建企业核心竞争力的度量指标，研究发现，核心竞争力越强，企业的权益资本成本越低。孙昌玲等（2021）研究发现，核心竞争力越强，企业为供应链上下游企业提供的商业信用支持净额越高，与下游客户的合作黏性以及企业的融资约束是核心竞争力影响商业信用支持净额的两个途径。王百强等（2021）发现企业核心竞争力越强时，其获得非标准审计意见的概率越小，审计费用也越低。相较于能力型核心竞争力，资源型核心竞争力对于审计师决策的影响效果更强。然而，谢陈昕等（2022）表明，企业在年报中越强调竞争，股价崩盘风险越大。

赵子夜等（2020）发现，财务报告中低市场化地区的提及频率越高，市场反应越好，这一结果在非国有公司中更为明显。结论表明，投资者关心公司基于市场化程度的地理分布，印证了公司可以通过弥补新兴市场基础设施真空并获得成功的逻辑，这一策略并不会牺牲公司的长期创新活动，对"一带一路"倡议提供了支持型的经验证据。

胡楠等（2021）发现，年报 MD&A 中披露的"短期视域"语言能够反映管理者内在的短视主义特质，管理者短视会导致企业减少资本支出和研发支出，会因此损害企业未来绩效。赵晶等（2021）表明中国企业国际化文本指数在提出"一带一路"倡议后明显提高，尤其在出口额较高省份和海外营业收入较高的企业中表现更甚。程博等（2021）研究发现，信任文化导向的企业供应商更为分散，其加权平均距离增加了 12%，这一现象在方言多样化程度低、交通便利度高的样本中更为明显。潘健平等（2019）表明，企业文化越强调合作，企业的创新产出越多，创新效率越高。

基于深交所"互动易"平台数据，潘红波和杨海霞（2022）研究发现，投资者的"创新关注"有助于企业创新投入水平的提升，对企业创新产出和创新效率均表现出显著的促进效应。陶颜等（2022）发现 MD&A 创新描述与企业当期创新投入呈显著正相关，能如实反映企业的创新投入，能正向预测企业下一年度的专利申请数。鲁惠中和林靖（2022）表明，分析师跟踪人数越多，公司创新文本信息语调越积极。李岩琼和姚颐（2020）研究发现，R&D 文本信息显著降低了分析师预测偏差及分歧度，R&D 文本信息披露越多，未来三年的创新产出以及政府研发补助越多，说明企业倾向于选择性披露有利于企业的研发信息。企业披露动机越强，分析师获取私有信息的能力越弱，R&D 文本信息对分析师预测偏差和分歧度的降低作用越显著。

运用文本分析方法计算各省份年度政策主体协同度与工具协同度，赵晶等（2022）研究发现，政策协同显著正向影响企业自主创新，政策主体协同和政策工具协同分别通过政府层网络与企业层网络发挥影响。政策主体协同与政策工具协同两者缺一不可，当地区政策主体协同与政策工具协同均缺位时，企业自主创新被显著削弱。陈庆江等（2021）基于 2008~2017 年中国 A 股制造业上市公司数据以及企业所在城市地方政府工作报告的文本分析，研究发现，与选择性直接支持相比，普惠化制度安排能够更精准地促进企业高质量研发产出，且其创新促进作用更持久。

通过文本分析法和文本向量法捕捉高管认知水平和高管认知独特性，利用中国制造业上市公司面板数据进行检验，余芬和樊霞（2022）研究表明，高管对技术创新的认知度越高，越可能提升企业创新持续性；高管对技术创新的认知视角越独特，企业创新持续性显著更强，且两者具有互为增强的效果。

近几年，随着国家对数字化转型的重视，学者们利用相关关键词列表衡量企业的数字化水平，研究表明，企业数字化水平产生了一系列正向后果，具体体现在，显著提高了企业创新投入、创新产出和创新效率（肖土盛等，2022），促进了重污染行业企业绿色技术创新（宋德勇等，2022），提升了中国上市企业专业化分工水平（袁淳等，2021），整体提升了企业全要素生产率（武常岐等，2022），提升了企业产能利用率，进而提高了企业经营绩效和环境绩效（韩国高等，2022）。

企业数字化战略导向与企业市场竞争力呈正相关，企业数字化战略导向能够缓冲企业短期内经历的亏损，并使其可以快速地从全球新冠肺炎疫情危机中复苏（胡媛媛等，2021）。企业采用业财融合有助于降低审计收费（余应敏等，2021）。对于大数据的应用，研究发现，规模较大、有形资产比例较低、盈利能力较强，以及所在地区市场化程度较高的公司更可能在生产经营过程中应用大数据；大数据的应用可以显著提高公司的市场价值，其主要影响机制在于大数据的应用显著提高了公司的生产效率和研发投入（张叶青等，2021）。在影响因素方面，另有研究发现，产业数字化显著促进企业数字化转型（陈玉娇等，2022）。

关于其他研究主题，比如，环境责任表现"多言寡行"的企业获得了更多的政府补贴（李哲等，2022）和银行借款（李哲和王文翰，2021）。内部控制意愿对内部控制水平具有显著正向影响，能够约束真实盈余管理行为，但无法显著影响应计盈余管理活动（刘斌等，2021）。对税法宣传报道进行文本分析，研究表明，税法宣传有助于提升企业税收遵从度，报纸头版的税法宣传效果更强（毛捷等，2022）。

采取人工标注加机器学习（支持向量机，Support Vector Machine，简称

SVM）的方法，将与"公司战略、市场地位、产品、技术、销售、项目投资、融资策略、会计业绩、高管团队、公司治理、供应商、经销商、公司风险等"相关的信息定义为特质信息，伊志宏等（2019）发现，分析师报告中公司特质信息含量越高，所关注公司的股价同步性越低。用同样的方法，马黎珺等（2019）发现，分析师报告中前瞻性语句的情感与报告发布后的累积超额收益呈显著正相关，可以预测企业未来的基本面变化，说明分析师报告中的文字并非"廉价交谈"而是"言之有据"。

2. LDA 方法的应用研究

应用潜在语义主题分配模型（Latent Dirichlet Allocation，LDA）在财经文本信息领域的研究近几年开始出现。LDA 是由 Blei 等（2003）开发的无监督贝叶斯机器学习方法，以识别包含在大文本语料库中的主题。

利用该方法，Ball 等（2015）发现，MD&A 相关讨论采用了特定主题的形式，这些主题包括投资策略、证券发行、营销、财务约束和流动性以及新协议等，这些主题解释了业务变化的性质。Dyer 等（2017）发现 FASB 和 SEC 的新要求可以解释年报长度的大部分增加，提取的 150 个主题中的 3 个（公允价值、内部控制和风险因素披露）几乎涵盖了所有的年报长度的增加，这 3 个主题披露在解释其他文本特征（模板化、黏性、冗余、特质性、可读性和定量信息的相对量）的趋势方面也起着重要作用。对年报中风险披露进行主题分类之后，发现不同风险主题与资产定价中的风险因素有关联关系，市场呈现风格投资，小型、价值型公司在市场低迷期可能更具风险（Israelsen，2014），以及不同类型的机构投资者对风险披露主题的偏好不同（Jiang et al.，2018）。

Hwang 等（2017）将盈余电话会议后迅速发布的大量分析师报告的主题内容与电话会议本身的内容进行比较发现，分析师会讨论盈余电话会议之外的专有主题，并解释电话会议中的主题，这说明分析师同时扮演了信息发现者和信息解释者这两种角色，只是这两种角色的侧重点会依情况不同而不同。

利用 LDA 主题分配模型度量了不同类型媒体对上市公司公告跟踪报道的信息挖掘深度和信息传递精度，杨玉龙等（2018）发现政策导向媒体相对于市场导向媒体进行了更深层次的信息挖掘与更精准的信息传递。

利用 LDA 模型从分析师报告中提取的创新衡量方法，可以给出有无专利和 R&D 的成熟公司相关的创新描述，Bellstam 等（2017）研究发现，对于没有专利的公司，该指标可确定那些采用新颖技术和创新业务实践的公司（如沃尔玛的跨区域物流）；而对于有专利公司而言，这种基于文本的创新衡量与有价值的专利有很强的相关关系，捕获了真正意义上的创新，可以强有力地预测长达四年的更高的公司业绩和更多的增长机会，而这些隐含意义对非专利公司同样重要。

以 2019 年 7 月至 2021 年 9 月科创板 341 家 IPO 公司为样本，俞红海等（2022）研究发现，在上市审核阶段，信息披露程度较低、技术信息披露不够充分的招股书，会收到更多的审核问询函。注册制审核问询能提升招股书信息披露的程度，问询前后两版招股说明书在文本长度、文本句长、文本可理解性和文本定量信息上显著增加，总体来说审核问询函对特定主题关注会导致招股书在对应主题信息披露的增加。进一步分析表明，审核问询函能降低机构投资者报价分歧度。

利用 LDA 方法对宏观财经新闻的话题进行提取，龙文等（2019）证实了中国股票市场的"媒体效应"，即新闻话题分布对行业板块股票收益率有显著影响，通过财经新闻话题分布来构建预测模型可以获得超额收益率。

运用 LDA 主题模型度量中国财经媒体对 A 股上市公司信息披露公告跟踪报道的信息挖掘和信息解释程度，张纯和吴明明（2015）研究发现，媒体跟踪报道的信息解释比信息挖掘更广泛地影响了 A 股市场投资者，从而导致了更加明显的市场反应。媒体跟踪报道的及时性整体较高，并且市场对媒体负面报道内容的及时性存在增量反应。结果表明，在中国资本市场上，媒体主要通过信息解释角色而不是信息挖掘角色来发挥信息中介作用，即媒体通过及时、较容易理解的信息报道来广泛影响 A 股市场投资者。

以"蚂蚁金服"事件网络评论为样本，基于 LDA 模型和语义情感分析，夏雨等（2022）研究表明，相关评论主题在不同阶段各有侧重，但总体呈现逐步细化、深入的特征。"平台垄断""数据保护"主题最为突出，监管参与者范围扩大成为主要关注点。爆发和平息阶段的评论感情倾向变化较大。

综上所述，LDA方法的应用研究相对少一些，但利用文本分析技术提取单个主题的相关研究最近几年来获得了蓬勃的发展。与此同时，随着财经文本信息相关研究的不断深入，学者们适应性地采用更复杂、更智能化的技术方法来拓展研究。

第三节　研究现状述评

综上可见，文本信息的丰富内涵带来了爆炸式的研究成果，对加深理解信息披露的深度和广度有着重要的意义。最近十年来我国学术界也已经利用多种多样的文本分析技术从多个维度对文本信息披露进行了较为广泛的研究，取得了丰富的研究成果。

尽管我国资本市场信息环境整体透明度不高，上市公司管理层信息披露质量不高，存在诸多问题，但以上诸多文献较为一致地表明管理层以及分析师、媒体等信息中介的文本信息披露具有信息增量作用、产生不同的经济后果，以及反映出披露主体的动机和能力等，这些研究结果对本书要开展的互动沟通问题端文本信息的相关理论分析和实证研究方法均有非常重要的参考作用。

然而，从投资者与管理层的社交媒体互动沟通的已有研究可以看到，尽管取得了一些网络互动有效性的经验证据，但基本都是从互动平台整体或者管理层回答这一端来研究的，对投资者提问这一端的研究尚未系统地展开。

对互动沟通有效性起着决定性作用的，恰恰是互动问题的质量。而问题质量是由提问者的信息能力所决定的，后者又是由资本市场发展决定的。换句话说，资本市场发展造就了投资者信息能力（成熟度），进而决定了互动沟通的价值和特征，这其中就包括互动沟通的问题文本特征。

由于网络互动平台的开放性，加上我国资本市场投资者以散户为主的现状，其参与者与成熟投资者（包括分析师在内）在信息处理能力等方面差距较大，以往研究隐含的互动问题有效这一前提假设不再满足，因此，有必要从投资者信息能力、治理能力及其异质性拓展有关与上市公司管理层互动沟通研究领域的视角，为这一研究领域增添重要的经验证据。

第四章

文本信息特征的衡量

本章主要介绍文本信息定量化衡量的几个特征维度，分别有语调、可读性、文本相似度和主题分类与提取等。针对不同的文本信息特征，需要注意方法的选择及其适用性，尤其是针对社交媒体的文本信息特征，需要辨析一下可能存在的问题以及衡量误差。在文本信息数据处理方面，目前常见到的是运用 Python 软件进行文本的自然语言处理分析，市场能购买到的较齐全的公开的财经信息类数据库是文构（WinGo）数据库。由于汉语语言意思表达最小的单位是"词"，因此对自然语言信息处理时要求首先对中文文本信息进行自动分词。其次，对语调、可读性、文本相似度和主题分类与提取这几个维度的衡量方法逐个进行了考察。

第一节　文本信息技术的相关概述

正如 Loughran 和 McDonald（2011）提到的，文本分析（textual analysis）有不同的标签，如内容分析（content analysis）、自然语言处理（natural language processing）、信息检索（information retrieval）、计算机语言学（computational linguistics）等，它们都描述一组类似的基于文本的方法，许多学科，包括心理学、人类学、语言学、政治学、新闻学和计算机科学等都在使用这类技术方法。

文本分析或内容分析，是指对各类交流或沟通材料的显现和潜在的内容进行分析，通过分类、制表、评价关键符号和主题等方法对文本信息量化处理以确定文本的意思所在以及可能的影响。由于本书将对文本信息提取语调、可读性、相似度以及主题分类（如 LDA 方法等）进行衡量，前面几个运用到的是一般性的文本分析技术，然而 LDA 方法是运用到机器学习或深度学习的自然语言处理技术范畴，较前面的文本分析技术难度更大，故本书将统一称之为自然语言处理技术。在本书中，除了自然语言处理技术，也会经常提到文本分析技术，事实上并不特别区分这些概念。

文本分析方法的基础是语言学。然而，学者们对最适合用于研究和分析语言的方法论还缺乏共识（Pennebaker et al.，2003）。尽管有些人认为语言是通过上下文定义的，其他人则认为语言的分析是由字数策略精确确定的，因为人类判断倾向于"阅读"内容以及阅读文本时无法监察词语的选择（Hart，2001）。

第二节　中文分词技术

在自然语言处理中，中文与英文等其他语言有着明显的区别。有别于印欧语系的语言使用空格将词分开，在汉语语言意思表达中，构成有意义的能单说或用来造句的最小单位是"词"而不是字。因此，对于中文来讲，将"词"确定下来是理解自然语言的第一步，只有跨越了这一步，中文才能像英文那样过渡到短语划分、概念抽取以及主题分析。

由此，由计算机程序达成的汉语自动分词成为任何中文自然语言处理系统都难以回避的第一道基本"工序"（黄昌宁和赵海，2007；孙茂松和邹嘉彦，2001）。经过近30年的发展，尽管还没有完全解决歧义和未登录词（out-of-vocabulary）等问题，但中文自动分词技术已经相当成熟，其表现在有很高的分词准确率（李月伦和常宝宝，2010）。常见的、被广泛运用的中文分词程序主要有Python开放源"结巴"中文分词模块"jieba"和软件ICTCLAS。

除了对中文文本进行分词做预处理之外，需要指出的是，对于文本相似度和主题分类等衡量，一般会在分词之后先剔除常见停用词（stop words）后再做相应后续处理。

第三节 语调

一、语调衡量方法的选择

目前文本情感性分析的主要方法有两类：①词汇匹配技术法（term-based matching technique），这种方法也称为"词袋"（bag of words）方法；②基于各种算法的机器学习方法，比如支持向量机（SVM）、朴素贝叶斯、K-近邻算法（KNN）、最大熵、随机森林等（Antweiler and Frank，2004；Das and Chen，2007；Li，2010）。

这两类方法均存在各自的优缺点。比如Li（2010）认为，运用机器学习方法好过"词袋"方法，词袋分类可能对公司文本有较少的解释力，源于不存在现成的专为公司文档情境的词典。但是，Tetlock（2007）认为基于机器学习的方法要求利用大量数据进行测试和训练，且存在难以复制和主观分类等缺点。他认为，用数字数的衡量方法（即"词袋"方法）是简单的、客观的、可复制的以及透明的，这四个属性对文本信息研究的早期阶段尤为重要，能够赋予这种衡量方法在金融财经会计领域被广泛采用的合理机会（Tetlock et al.，2008）。

用来衡量语调的方法是在内容分析框架下，运用分词技术和不同语调词频统计方法从文本中提取语言语调，其意义远远超出从文本"表达什么"的分析到"如何表达"的范畴（Pennebaker et al.，2003），落在了具有更大普遍意义的主题或意义确定领域。

二、"词袋"方法介绍与适用性

统观文本语调衡量的现有文献，绝大多数文献采用的正是 Tetlock 等（2008）所说的用数词数衡量的"词袋"方法。所谓"词袋"，即一个文件被总结在字数的矢量里，然后跨文档合并成一个术语-文档矩阵。

现阶段所取得的实证研究成果表明，它确实是有效测量大众情绪的方法，所得的情绪指标能在一定程度上显著地预测现实世界中的社会经济现象，如利用在线文本情感分析对产品市场份额、影视票房、疾病和信息的传播状况、政治选举结果的预测，对宏观经济形势分析，对突发事件预警等（Yu and Kak，2012；乐国安等，2013）。徐军等（2007）利用实验方法说明在基于情感的文本分类中，文档的情感主要是通过具有情感倾向的词语（或共现/关联词语）体现出来的，这样的词语主要是有形容词、名词、动词、成语和习惯用语，而具有正面或负面的语义倾向的词语只要在一句话或文章中出现，就决定了这句话或文章的语义倾向。

O'Connor 等（2010）认为对于小文本（如微博客），通过匹配文本中含有的词汇与情感词库中的情绪词（即"词袋"方法）来判断文本的情感倾向，如含有正性词的微博客文本的情感倾向为正性，这种方法更合适，既有早期语言学依据又更加透明化。当然，构建合适的情感词库无疑是这种方法的基础。因此，本书认为，基于社交媒体的交互文本内容，可以采用"词袋"方法来衡量文本的语调特征。

有关中文背景下"词袋"方法的适用性问题，国内大部分学者利用"词袋"方法对中文文本信息进行了分析（史伟等，2012；梁坤等，2013；边海容等，2013；谢德仁和林乐，2015；林乐和谢德仁，2016，2017；姚加权等，2021），以上这些研究一定程度上支持了在中文文本情感分析中用"词袋"方法的可行性。

然而，Cao 等（2022）研究发现，将采用"词袋"方法的 Loughran 和 McDonald（2011）的语调词汇（列表）的发表视为机器阅读的开始。以预期的机器下载量为代表的人工智能读者群不断扩大，促使公司准备对机器解析和处理使用更友好的文件用以对外披露。公司避免使用那些被计算算法认为是负面的词汇，转而使用那些只被读者认为是负面词汇的词语。机器阅读量高的公司在语音情感载体上也体现出更多的积极性和兴奋性。上述研究揭示了 AI 等技术对公司文本披露的反馈效应，这也意味着用广泛使用的 Loughran 和 McDonald（2011）的语调词汇做后续研究存在着局限性。

三、语调词典构建

要提取文本中的情感倾向性词语，可以直接使用基于现成的情感词典（如 Harvard IV-4 心理词典、DICTION 词典等）。但 Henry（2008）、Loughran 和 McDonald（2011）发现自定义的特定语境语言字典比被广泛应用的 Harvard IV-4 心理词典在金融研究中使用要更合适和更强大。

当然，构建特定文本的语调词语列表也有其局限性。利用任何单词分类方案来衡量文本语调在本质上都是不精确的，以及利用特定文本提取的语调词表对其他财务披露文本是否适用是一个尚未解决且重要的问题（Loughran and McDonald，2011）。而 Cao 等（2022）的研究则指出了一个常用语调词典被 AI 广泛使用后的失效问题。

国内缺乏像 General Inquirer 这样较为公认的情感词库或文本情感分析程序，比较常见的中文情感词典有台湾大学 NTUSD 情感词典、HOWNET 情感词典等（赵妍妍等，2010；魏韡等，2011）。一些学者（谢德仁和林乐，2015；林乐和谢德仁，2016，2017）针对特定场景的文本信息手动构建了语调词语列表。

曾庆生等（2018）以 Loughran 和 McDonald（2011）提供的金融情感英文词汇列表为基础，通过谷歌词典、有道词典以及金山词霸对所有英文词进行中文翻译，如果一个词对应多个中文词，对所有词进行保留，以保证所关联的中文情感词都囊括在内，从而构建了中文的语调词语列表。国内一些学者做了类似的处理，再基于这个语调词典进行了相关研究。

目前，市场上现有的数据库（比如，WinGo 数据库）对语调的衡量也是"词袋"方法，其"词袋"是以 Loughran 和 McDonald（2011）提供的金融情感英文词汇列表为基础，对词表中的英文词汇翻译后得到种子词集，再利用同义词词林对词表进行扩充得到的。

四、语调的衡量公式

绝大部分金融财务领域文本分析的主要做法是直接用易于理解的简单比例加总权重，而较少运用计算机检索或文本分析领域常用的词频−逆文档频率（TF−IDF）权重方法。已有的研究如 Henry（2008）、Henry 和 Leone（2009）、Price 等（2012）、Brockman 等（2013）、Gordon 等（2013），构建语调（TONE）如下：

$$TONE = \frac{POSPCT - NEGPCT}{POSPCT + NEGPCT}$$

其中，$POSPCT$ 是正面语调词语数目占对应的文段词语总数的比例，$NEGPCT$ 则是相应的负面语调词语数目占其对应的文段词语总数的比例。$TONE$ 表示净正面语调的概念，$-1 \leqslant TONE \leqslant 1$，$POSPCT$ 相对于 $NEGPCT$ 越多，$TONE$ 越大，说明相关文段用词越积极正面。

另外，可以把 $TONE$ 公式的分子（$POSPCT - NEGPCT$）作为语调的另一种衡量（Huang et al.，2014）。

最后，可以将 $TONE$ 还原成 $POSPCT$ 和 $NEGPCT$，将 $POSPCT$ 和 $NEGPCT$ 同时放在模型里回归，以测试各自的影响。

由于文本信息披露具有的主观性，通常在某些研究设定中会查考语调的操纵情况。为此，为了分离出异常语调，可以借鉴 Li（2010）、Huang 等（2014）的方法，将 Tone 分解为有关基本面的正常语调（用模型预测值来代理）和代表管理层对语调的战略选择抑或操纵结果的异常语调（用模型残差值来代理）。具体分解模型如下：

$$Tone_{it} = \alpha + \beta_0 Roa_{it} + \beta_1 Ret_{it} + \beta_2 Size_{it} + \beta_3 MV_{it} + \beta_4 Std\_Ret_{it} + \beta_5 Std\_Roa_{it} + \beta_6 Age_{it} + \beta_7 Loss_{it} + \beta_8 \Delta Roa_{it} + \delta_{ht} + \gamma_{pt} + \varepsilon_{it}$$

在模型中，$Tone$ 为管理层语调；Roa 为净利润与总资产的比例；Ret 为 12 个月的股票持有到期收益率；$Size$ 为企业总资产的对数；MV 为年末市值的对数；Std_Ret 为一年中个股每个月收益率的标准差；Std_Roa 为过去五年 Roa 的标准差；Age 为企业存续年限的自然对数；$Loss$ 为哑变量，如果当年净利润小于上一年，则为 1，否则为 0；ΔRoa 为 t 期 Roa 与 $t-1$ 期的差。另外，为了控制行业、年度或省份等因素的影响，可以在模型中控制行业、年份与省份的固定效应。

第四节　可读性

可读性是信息复杂性衡量的其中一个角度，它主要基于语言复杂性而来，对语言复杂度和可理解度等是一个较好的衡量方式。在针对财务文本信息的可读性衡量方法的发展方面，传统的可读性衡量方法有 Flesch 指数，但在英文财务文本披露方面的研究则较少运用，而应用较为广泛的是传统方法下的迷雾（Fog）指数[①]（Gunning，1952；Li，2008）。

在具体应用时，为了适用于具体情境下的文本，比如，针对会计准则的文本（Efretuei et al.，2022），会对 Fog 指数涉及的复杂词语列表进行调整。此外，还

---

① Fog = 0.4 ×（每个句子的平均单词数 + 三个或更多音节单词的百分比）。

发展出用文件大小（Loughran and McDonald，2014）、Bog 指数①（Bonsall et al.，2017）等来衡量，这些新的衡量方法都相应地验证了该方法有较强的解释能力以及区别于其他方法的优势所在，同时还会指出其他方法存在的问题，比如，Bonsall 等（2017）指出用文件大小来衡量可读性是有问题的。

中文财经文本相关的可读性衡量方法主要有：丘心颖等（2016）运用的中文可读性公式，是一个包括完整句比例、基础词汇占比、平均笔画数、不同笔画数字符占比的综合公式。王克敏等（2018）用三个方面来衡量可读性：①逆接成分密度，具体为每百字中包含逆接关系连接成分的个数。②会计术语密度，具体为每百字中包含会计术语个数（"减值""资本化""损益"等）。③次常用字密度，每百字中包含的次常用字个数（"擎""棘""淤"）。徐巍等（2021）表明，年报中每个分句的平均字数、每句话中的副词和连词比例，以及两者的算术平均，是一组较为合理的中文年报可读性衡量指标，而年报文本长度、年报中数字与表格的数量可能并不能很好地衡量中文年报可读性。

李春涛等（2020）借鉴 Bonsall 等（2017）关于 Bog 指数的度量方法，提出了一个新的中文年报常用词汇的度量方法，认为所有年报中最常出现的词汇就是年报常用词汇，并据此度量年报可读性。具体方法为：第一步，对上市公司全部的年报进行分词，然后汇总得到全部年报词汇的词频，词频数较高的就是常用词汇。第二步，计算年报用词的常用度：将每一份年报中每个词汇的词频数与对应的全部年报的词频数相乘并求和，如果年报中使用的常用词汇越多，年报用词的常用度就越高。第三步，对每份年报的常用度标准化，将第二步计算得到年报常用度除以该份年报的总词频数。最后，对标准化的用词常用度取对数来衡量年报的可读性。此外，李春涛等（2020）还参考了王克敏等（2018）和 Luo 等（2018）的方法，运用次常用字数量和字符数修正指标度量年报可读性。有关次常用字数量衡量指标，基于《现代汉语常用字表（1988）》筛选出年报中次常用字，将次常用字出现的总频数加 1 后取自然对数，然后再取倒数，构建年报可

---

① Bog 指数衡量比较复杂，详情参见 Bonsall 等（2017）文章里的描述，不见得适用于中文文本。

读性指标。有关字符数修正指标，参考 Luo 等（2018）使用年报的中文、英文及数字合计的字符数，用标准化后的字符数指标度量年报可读性。具体做法如下：首先，计算每篇年报的字符总数 N，然后，用 1/ln（N）作为可读性的指标，再利用全部样本期间年报可读性[1/ln(N)]的最大值和最小值对这一指标进行无量纲化处理，最终得到年报可读性指标（*Char*）[1]。

由上述发展出来的多种财经英文可读性衡量方法可见，可读性度量方法、文本对象和样本区间等会对结果产生很大影响，比如同样是针对年报的文本信息，以 Li（2008）为代表的相关文献发现，公司业绩越差，年报可读性越差，但 Merkley（2014）通过对年报中研发信息的分析发现，文本信息可读性与公司业绩不存在显著相关性。更多的文献做法是同时运用多种可读性衡量作为主要变量或同时控制在模型里来实现主要回归分析以及稳健性检验。

此外，对可读性的衡量调整，可以参照 Bushee 等（2018）的做法，他们以分析师问题可读性来捕捉公司管理层回答中的信息披露的有效部分，将回答可读性残差视作管理层披露动机，发现这一衡量方法是有效的，即用分析师问题可读性来预测的管理层回答信息有效性可以降低公司信息不对称程度，而残差部分则会增加公司信息不对称程度。

第五节 文本相似度

一、文本相似度的衡量方法

文本相似度的衡量主要有几种方法[2]，比如两两配对计算的余弦相似度的平均化处理方法、Jaccard 相似度（Tetlock，2011）、Hanley 和 Hoberg（2010）用

---

① $Char = \{[1/\ln(N) - \min(1/\ln(N))]\} / \{\max[1/\ln(N)] - \min[1/\ln(N)]\}$。
② 其中，余弦相似度和 Jaccard 相似度具体算法可参见 Cohen 和 Lou（2019）。

向量空间分离出标准信息（预测值）和特定信息（残差）的方法等。

1. 余弦相似度

$$Sim\_Cosine = D_1^{TF} \times D_2^{TF} / \| D_1^{TF} \| x \| D_2^{TF} \|$$

其中，D_1^{TF} 和 D_2^{TF} 分别是两个比较文档的术语频率矢量（term frequency vectors），点积×是标量积，$\| \ \|$ 是欧几里得范数（Euclidean Norm）。举个例子，假设有两个文档 A 和 B，它们的术语频率矢量如下：

$$D_A^{TF} = [\, 1,\ 1,\ 0,\ 1,\ 1,\ 1 \,]$$

$$D_B^{TF} = [\, 1,\ 1,\ 1,\ 1,\ 1,\ 1 \,]$$

那么，两者的余弦相似度为：

$$Sim\_Cosine(D_A,\ D_B) = D_A^{TF} \times D_B^{TF} / \| D_A^{TF} \| \times \| D_B^{TF} \|$$

$$= (1 \times 1 + 1 \times 1 + 0 \times 1 + 1 \times 1 + 1 \times 1 + 1 \times 1) /$$

$$(\sqrt{1^2 + 1^2 + 1^2 + 1^2 + 1^2} \times \sqrt{1^2 + 1^2 + 1^2 + 1^2 + 1^2 + 1^2})$$

$$= 0.91$$

2. Jaccard 相似度

$$Sim\_Jaccard = |\, D_1^{TF} \cap D_2^{TF} \,| \ / \ |\, D_1^{TF} \cup D_2^{TF} \,|$$

其中，D_1^{TF} 和 D_2^{TF} 分别是两个比较文档的术语频率矢量（term frequency vectors），Jaccard 相似性是两个文档术语交集的大小除以它们并集的大小。

3. 向量空间分离法

对每个文档形成一个单词频数向量，然后用该向量中所有单词词频总数进行标准化。比如，$words_{tot,1} = \{2,\ 1,\ 1,\ 0\}$，标准化以后变成 $norm_{tot,1} = \{0.50,\ 0.25,\ 0.25,\ 0\}$。定义选定的参照系的平均，比如行业（算术）平均的标准化单词频数向量，$norm_{ind,i} = \dfrac{1}{P} \sum\limits_{p=1}^{P} norm_{tot,p}$，然后将考察的文档用选定参照系的平均进行无截距项的回归，将所有参照系的回归系数之和定义为标准信息，向量的残差绝对值则为特定信息。[1]

---

[1] 具体衡量可参考 Hanley 和 Hoberg（2010），中文可参考郝项超和苏之翔（2014）。

4. 软余弦相似度

在自然语言处理中的社区问答（Community Question Answering，CQA）领域，学者们常常利用回答与问题之间的文本相似度来对回答与问题的相关程度进行度量（Charlet and Damnati，2017）。因此，借鉴在 CQA 领域的研究成果，卜世博等（2021，2022）利用软余弦相似度（soft cosine similarity）来度量公司回答与投资者提问的相似度。具体如下：

将每一对问答分成投资者提问部分和上市公司回答部分，并进行文本预处理。利用向量空间模型（Vector Space Model，VSM）将经过预处理后的问答文档向量化，得到：

$$Q = (q_1, \ q_2, \ \cdots, \ q_i, \ \cdots, \ q_n)$$
$$A = (a_1, \ a_2, \ \cdots, \ a_i, \ \cdots, \ a_n)$$

其中，Q 和 A 分别为投资者提问和公司回答的向量，n 为投资者提问和公司回答中出现的不重复的词的个数，向量中的元素 q_i 和 a_i 是词语在问答中出现的频率，$i \in [1, \ n]$。

利用软余弦相似比来度量公司回答向量 A 与投资者提问向量 Q 的相似程度。软余弦相似比的计算公式如下：

$$softcosinesimilarity = \frac{Q^T MA}{\sqrt{Q^T MQ} \times \sqrt{A^T MA}}$$

$$= \frac{\sum_{i=1}^{n} \sum_{j=1}^{n} q_i m_{ij} a_j}{\sqrt{\sum_{i=1}^{n} \sum_{j=1}^{n} q_i m_{ij} q_j} \times \sqrt{\sum_{i=1}^{n} \sum_{j=1}^{n} a_i m_{ij} a_j}},$$

其中，M 为词语相关性矩阵，M 中的元素 m_{ij} 为：

$$m_{ij} = \max(0, \ cosinesimilarity(v_i, \ v_j))^2,$$

其中，v_i 为词语 w_i 经过 Word2Vec 模型转化成的 300 维词向量。

最后，对每条问题的软余弦相似比进行加总平均得到互动质量 *INTERAC-TION*：

$$INTERACTION = \frac{1}{N} \sum_{i=1}^{N} softcosinesimilarity_i$$

二、参照系的选取

对于具体的衡量方法，都需要有相当多注意的地方，以确保衡量的正确性。对于两两配对计算的余弦相似度衡量来说，选取参照系是至关重要的一步。因此，对于不同领域的衡量，参照系选取是有讲究的。比较常见的有两种：①拿同行业同一年度的其他公司作为比对对象，再进行平均加总形成公司年层面上的衡量变量（Hoberg and Philips，2010）。②与过去一年的相同文本进行比对，衡量出随时间推移而变化的文本相似度或差异度（Brown and Tucker，2011）。另外，出于研究特定考虑，会选择特定对象进行比对。比如，研究业务多元性，其选取的参照系是业务单一的公司的产品文本向量（Hoberg and Philips，2014）。

但是，也很容易由于参考系选择的错误而导致衡量出现了失误。比如，在审计关键事项段的诸多研究中可以看到，用每个公司审计报告总的关键事项段文字描述的文本相似度是较低的，但事实上，这种较低的相似度主要是由于不同审计报告之间的关键事项段的主题不同导致的，如果控制在同一个主题来比较不同公司的关键事项段的文字相似度，其结果就会很高，由此可以说审计关键事项段文本描述是模板型披露。

可见，在衡量文本相似度的时候，必须要考虑两个文本的比较基础，考虑两个文档或文档之间的可比性，即要慎重考虑参照对象或文档颗粒度大小（比如，同一主题才可以比较）。除此之外，需要对相似度衡量进行正确性验证（validation test），比如，与随机选择的文档计算的文本相似度的值的大小应该与研究设计好的可比较的文本相似度要显著更低才对。

三、构建向量空间的词语选用

用文本相似度衡量方法需要引起注意的另一个方面是构建向量空间的词语选用。一般情况下，会对文本所描述的所有词语构建向量空间。根据研究主题的设定，学者们会考虑词语的特性，选用具有特定词性的词语进行构建，比如，Hoberg 和 Philips（2016）仅用名词和专有名词构建产品市场的竞争程度，Hoberg 和 Maksimovic（2015）仅用财务约束相关的专用词语来构建财务约束的衡量，Lee（2016）仅用功能词来构建管理层的自信缺失度等。可见，能否用全部的所用文本的词汇来衡量或者基于研究主题考虑某一类型的词语，是检验用文本相似度衡量的主题变量是否成立的重要方面。

除此之外，还有其他方面的考量，比如，与文本长度的关系（用长度的 1 次项到 5 次项去回归，取回归后的残差作为相似度的衡量）、向量元素的具体取值等，这些会造成不同的影响（Brown and Tucker，2011）。

第六节　主题分类与提取

对于综合性文本信息来说，往往涉及多个主题，相互混合在一起形成了可能的话题组合，即可能在任何给定的部分中混入多个主题，以及在多个部分中出现任何单个主题，因此对此类文本信息展开内容研究，或针对特定研究主题的研究，都涉及主题分类与提取的相关方法。有关文本主题的分类与提取方法，主要有手工分类、主题关键词分类和机器学习法（比如，LDA 方法、PLSA、PLSI、Unigram Model 等）。LDA 使我们能够识别所有社交媒体互动沟通语料中的主题组合，这样可以让我们能够确定特定文档每个主题之间的比例关系及其随时间推移而变化的趋势。

一、主题提取

对于主题关键词分类，往往先根据特定的单个主题选定多个关键词，构建主题关键词列表，再对大样本下的文本信息进行主题词搜寻，以此确定是否与该主题相关，然后再进行文本信息特征衡量的构建。

对于主题关键词的构建，一个比较讨巧的做法是，比如，Chau 等（2020）和蔡贵龙等（2022）以 CSMAR 财务报表数据库涉及的会计科目为基础，提取与会计信息相关的关键词（共 250 个）；以 CSMAR 治理结构和内部控制数据库涉及的数据条目为基础，提取与公司治理相关的关键词（共 118 个）；以 CSMAR 增发配股数据库涉及的数据条目为基础，提取与融资相关的关键词（共 29 个）；以 CSMAR 行业研究系列数据库涉及的数据条目为基础，提取与公司经营相关的关键词（共 47 个）。

二、LDA 方法

潜在语义主题分配模型 LDA，是一种较为常见的主题建模方法，属于无监督学习过程。如前文所述，LDA 是由 Blei 等（2003）开发的无监督贝叶斯机器学习方法，用来识别大规模文档集（document collection）或语料库（corpus）中潜藏的主题信息。

LDA 是一种文档主题生成模型，也称为一个三层贝叶斯概率模型，包含词、主题和文档三层结构。所谓生成模型，就是说，我们认为一篇文章的每个词都是通过"以一定概率选择了某个主题，并从这个主题中以一定概率选择某个词语"这样一个过程所得到的。文档到主题服从多项式分布，主题到词服从多项式分布。它采用了词袋方法，将每一篇文档视为一个词频向量，从而将文本信息转化为了易于建模的数字信息。LDA 使用文档中单词同时出现的概率来识别主题及其相关单词的集合，并且在概念上类似于因子分析，在该模型中，模型生成主题而不是因子。与因子分析一样，计算机会识别与主题相关的单词，研究人员会根据给定单词集及其概率给出的对可能内容的评估，为主题分配标签。

因为 LDA 是一种无监督的方法，所以它是可复制的，并且不带有研究人员的偏见。但是，由于有时可能难以解释主题，研究人员必须帮助选择模型生成的主题数量，这一点很重要。可以说，LDA 的主题数量需要研究人员进行事先设定，在识别适当数量的主题时可以遵循现有的计算语言学文献。

可以通过复审每个主题的词汇表并阅读代表段落，以确保内容与标签相符

（Dyer et al.，2017）。有关主题数的选取原则，根据 Blei 等（2003），较低的困惑度（perplexity）表明该模型更适合于所观察的数据，这表明从那以后增加主题数，该模型的性能将获得相对较少的收益。

我们可以直接运用 Python 的 LDA 库对中文文本进行 LDA 分析，还可以用其他已开发好的 Python 类似程序进行比对分析、改进和做稳健性检验。

第七节 衡量误差

针对文本信息衡量可能存在的问题，需要进一步考虑衡量误差及其影响。比如，在社交媒体，散户投资者产生的信息可能只是噪声，或者只是重申通过传统媒体（比如，报纸和金融网站）、分析师、机构投资者、定期报告中表达的观点，实际上可能只是问个"是什么，为什么"之类的问题，给数据增加了噪声并降低了统计推断的能力，用通常情况下陈述性文本的方法衡量可能会出问题，所以要评估这种现象在多大程度上存在，是否对常用的适用于财经文本的特征衡量形成重大影响，这样的衡量误差有多大以及如何改进。

此外，是否可以找到可比的文档，比如分析师或财经媒体记者的类似文本，进行校准或者比对。除了每个文本特征衡量的特定正确性检验，还可以用实验的方法或者随机重复（bootstrap）回归以提高衡量的正确性和可信度，评估其可能存在的衡量误差。当存在较为确定方向的衡量误差（比如，系统性地小了）时，可以通过计量方法评估其对回归系数的影响，用以排除得出错误结论的可能。

第五章

分析师预测偏差会影响投资者语调吗?
——基于业绩说明会的文本分析[①]

本章以上市公司在全景网召开的 2007~2018 年度业绩说明会为研究对象,探究分析师预测偏差是否会影响投资者的问题语调。研究发现,分析师预测偏差越小,投资者问题语调越积极,且通过一系列的稳健性检验,该结论仍然成立。进一步地,在业绩较好、无明星分析师跟踪及投资者情绪较高时,分析师预测偏差与投资者问题语调两者之间的负相关关系更显著。最后,管理层回答语调与投资者问题语调表现一致,呈显著正相关关系,公司股价同步性随问题语调的提高而降低,展示了投资者问题语调具有一定的信息效率。本章的结论从投资者问题角度说明了业绩说明会这项制度安排的有效性,对相关监管机构投资者教育和上市公司投资者关系管理有重要的参考价值。

---

① 本章主要内容来源:林乐,李惠. 分析师预测偏差会影响投资者语调吗——基于业绩说明会的文本分析 [J]. 财会月刊, 2021 (15): 41-49。有修订。

第一节　引言

在我国，网络社交媒体已经成为普通投资者与管理层互动沟通的重要平台，已有研究较为一致地发现投资者与管理层的网络互动平台是有效的，但这些研究都是基于网络互动平台的整体性（谭松涛等，2016；丁慧等，2018a，2018b；孟庆斌等，2019）或从管理层回答端的文本信息（谢德仁和林乐，2015；林乐和谢德仁，2016，2017；甘丽凝等，2019；卞世博和阎志鹏，2020）做出的结论，他们忽略了互动沟通是始于问题才有的管理层信息披露，是随投资者信息需求而做出的反应式披露。与机构投资者、分析师等具有高水平的信息处理能力不同，普通投资者处于信息环节较弱势的地位，比如信息获取途径有限、信息处理能力低和成本高，因此，与管理层的互动沟通效果如何有待实证检验。本章实证的独特之处在于，选取互动问题端的语调，探讨普通投资者尤其是不成熟的投资者提问是否足够理性，是否受外部分析师预测偏差的影响，一定程度上展现出有依据地进行提问，以此确保互动沟通的效率。

本章以上市公司在全景网召开的 2007～2018 年度业绩说明会为研究对象，探究分析师预测偏差是否会影响投资者在业绩说明会上的问题语调。研究发现，分析师预测偏差越小，业绩说明会投资者问题语调越积极。进一步地，在业绩较好、无明星分析师跟踪以及投资者情绪较高时，两者负相关关系更显著。最后发现，管理层回答语调与投资者问题语调表现一致，呈显著正相关关系，以及股价同步性随问题语调提高而降低，展示了投资者问题语调具有一定的信息效率。本章实证的研究贡献主要体现在以下方面：首先，本章从投资者问题语调视角对业绩说明会的相关研究进行了拓展。其次，本章的研究为投资者信息需求与信息确认相关领域添加了经验证据，以往研究主要从投资者信息搜寻（比如，Google 或 EDGAR 年报搜索）等方面展开相关的研究，本章则通过业绩说明会互动环节投资者的提问，反映出投资者对信息需求和信息确认的特征，拓展了这一相关领域的研究。最后，本章对资本市场投资者专业性水平及其结构进行了有益的探索，为监管机构深入了解个体投资者的成熟度及其差异提供经验证据，为将来开展个体投资者教育工作提供有价值的参考意见。

第二节　研究假说的提出

投资者及时准确地获取信息是市场信息效率实现的前提（谭松涛等，2016）。为了降低与公司内部人之间的信息不对称，处于信息劣势地位的投资者往往会进行信息搜寻。公司主动披露的信息、媒体和分析师报告是投资者的主要信息来源。及时、完整和准确的公司信息的披露，即信息环境好的公司，可以使投资者以较低成本获取信息，减少信息不对称（辛清泉等，2014）。除此之外，投资者还可以通过与上市公司管理层接触，主动挖掘公司信息。传统的管理层接触方式主要集中于电话会议和投资者见面会。

本章所研究的业绩说明会，就是投资者与上市公司管理层进行互动沟通和交流的一种新型方式，给投资者的信息需求与信息确认提供了一个很好的平台。通过业绩说明会，投资者提出关心的问题，以此获得更多信息从而进行投资决策。在提问前，投资者一般会利用已知信息，其中就包括分析师预测相关的信息。那么，分析师预测偏差如何影响投资者问题语调的呢？从直接影响的角度讲，当多个分析师对一个公司的盈余预测出现较大的分歧和偏差时，投资者会利用该类信息和公司披露的盈余等信息进行核对和比较，有可能产生疑问，进行更多的信息搜寻和验证，在业绩说明会上提出相关问题，其语调表现得就会更加负面。从间接影响的角度讲，分析师预测偏差和分歧较大反映出市场对公司当前和未来盈余的看法与反应相对不一致，这时，投资者对公司当前和未来业绩看法的不确定性也较为强烈，在业绩说明会提问时体现为更偏负面的语气。基于此，提出本章实证的研究假设：

H5-1：在其他同等条件下，分析师预测偏差越大，业绩说明会上投资者的问题语调越负面。

第三节　研究设计

一、样本选取与数据来源

本章以 2007~2018 年[①]召开年度业绩说明会的公司为研究对象，为了避免异常样本的影响，我们对初始样本进行如下处理：①剔除金融企业；②剔除被 ST 或 *ST 的公司；③剔除相关变量数据缺失样本。最终得到有效观测 7010 个。另外，对连续变量进行上下 1% 的缩尾处理。本章数据来自文构财经文本数据平台（WinGo）和国泰安 CSMAR 金融经济研究数据库。

二、模型构建

为了检验假设 H5-1，本章建立模型如下：

$$QTONE = \beta_0 + \beta_1 FERR + CONTROLS + FIRM + YEAR + \varepsilon_{it}$$

被解释变量为投资者问题语调（QTONE），采用 WinGo 数据库的投资者问题语调衡量数据。解释变量为分析师预测偏差（FERR），本章参考方军雄（2007）、周开国等（2014）、杨青等（2019）的研究，定义四个分析师预测特征：离散度（DISPERSION）、不精确度（AFACCURACY）、分歧度（BIAS）和乐观度（OPTIMISM）。控制变量则借鉴林乐和谢德仁（2017）、钟凯等（2020）的研究，从公司的多个方面如规模特征、股权结构、成长能力和盈利能力等选取变量来控制其他因

---

① 之所以选取 2007~2018 年，是因为 2019 年的业绩说明会是在 2020 年召开的，受新冠肺炎疫情影响，年报发布和业绩说明会的举行时间与往年有所差异，故样本期间截止到 2018 财政年度。

素的影响。具体地，本章选取的控制变量如下：公司规模（*SIZE*）、总资产收益率（*ROA*）、公司成长性（*GROWTH*）、市场回报率波动率（*STDMRETWD*）、市值账面比（*MB*）、资产负债率（*LEV*）、公司年龄（*AGE*）、两权分离程度（*SEPERATION*）、第一大股东持股比例（*FSHR*）、股票回报率（*YRET*）、机构投资者持股比例（*INSSHR*）、是否由国际四大审计（*BIG4*）、无形资产占比（*INTANGASSETSP*）、公司所有权性质（*SOE*）、独立董事比例（*OUT*）、董事会规模（*BOARD*）和两职合一（*DUAL*）等。具体各变量名称和定义如表 5-1 所示。此外，我们控制了公司（FIRM）和年度（YEAR）固定效应。

表 5-1　变量定义

变量类型	变量名称	变量定义
被解释变量	*QTONE*1	（积极词汇词频–消极词汇词频）/（积极词汇词频+消极词汇词频）
	*QTONE*2	（积极词汇词频–消极词汇词频）/报告文本总词数
解释变量	*DISPERSION*	离散度，分析师对公司 EPS 预测值的标准差除以 EPS 预测均值的绝对值或期初股价
	AFACCURACY	不精确度，分析师对某上市公司 EPS 预测值的均值与 EPS 真实值之差的绝对值除以 EPS 真实值
	BIAS	分歧度，分析师对某上市公司 EPS 的预测值与 EPS 真实值之差的绝对值取平均再除以期初股价
	OPTIMISM	乐观度，分析师对某上市公司 EPS 的预测值与 EPS 真实值之差取平均，再除以 EPS 真实值的绝对值
控制变量	*SIZE*	企业规模，LN（年末总资产）
	ROA	总资产收益率，净利润/总资产
	GROWTH	成长性，营业收入增加额/上年营业收入
	STDMRETWD	市场回报率波动率
	MB	市账比，市值/账面价值
	LEV	资产负债率，总负债/总资产
	AGE	公司年龄，LN（公司成立年数）
	SEPERATION	两权分离程度，股东控制权–现金流权
	FSHR	第一大股东持股比例，第一大股东持有股份/总股份
	YRET	股票回报率
	INSSHR	机构投资者持股比例，机构投资者持有股份/总股份

续表

变量类型	变量名称	变量定义
控制变量	BIG4	国际四大审计，当公司由国际四大会计师事务所审计时取1，否则取0
	INTANGASSETSP	无形资产占比
	SOE	所有权性质，当公司为国有企业时取1，否则取0
	OUT	独立董事比例
	BOARD	董事会规模
	DUAL	两职合一取1，非两职合一取0

第四节 实证结果与分析

一、描述性统计分析

表5-2列示了变量的描述性统计结果。可以看到，投资者语调指标 QTONE1 均值为 0.473，投资者提问的平均积极语调是消极语调的 3 倍，可见大部分公司的发展被投资者所看好；标准差为 0.212，最大值和最小值分别为 1 和 -0.133，说明投资者在进行提问时的情感语调会有较大差异。语调指标 QTONE2 也有类似的结论。分析师离散度（DISPERSION）和分歧度（BIAS）的标准差分别为 0.024 和 0.018，说明分析师对不同公司的盈余预测存在差别；不精确度（AFAC-CURACY）的最小值为 0.008，最大值达到 25.443，说明分析师对不同公司的预测精准度差异很大；乐观度（OPTIMISM）的均值为 1.685，为正数，说明分析师的预测值整体高于实际值，即分析师的盈余预测偏乐观，且对不同的公司表现出差异明显的乐观度。

表 5-2　变量描述性统计

变量	N	MEAN	SD	MIN	P25	P50	P75	MAX
QTONE1	7010	0.473	0.212	−0.133	0.349	0.500	0.611	1.000
QTONE2	7010	0.034	0.016	−0.009	0.024	0.035	0.046	0.073
DISPERSION	5695	0.025	0.024	0.003	0.011	0.018	0.030	0.150
AFACCURACY	5533	1.888	3.815	0.008	0.211	0.585	1.703	25.443
BIAS	5698	0.020	0.018	0.002	0.010	0.016	0.025	0.118
OPTIMISM	5699	1.685	2.799	−0.276	0.402	0.823	1.670	18.556
SIZE	7010	21.701	0.934	19.969	21.005	21.619	22.268	24.532
ROA	7010	0.044	0.055	−0.219	0.019	0.043	0.070	0.186
GROWTH	7010	0.232	0.384	−0.437	0.024	0.160	0.339	2.225
MB	7010	3.050	1.878	0.961	1.744	2.488	3.754	10.597
LEV	7010	0.356	0.185	0.046	0.204	0.336	0.489	0.806
AGE	7010	5.169	3.137	1.000	3.000	5.000	7.000	16.000
SEPERATION	7010	3.940	6.870	0.000	0.000	0.000	5.272	26.234
FSHR	7010	32.687	13.904	0.450	22.110	30.920	41.690	70.320
YRET	7010	0.149	0.627	−0.636	−0.303	−0.035	0.422	2.531
STDMRETWD	7010	0.140	0.070	0.046	0.092	0.124	0.168	0.413
INSSHR	7010	0.266	0.229	0.000	0.074	0.189	0.432	0.827
BIG4	7010	0.017	0.129	0	0	0	0	1.000
INTANGASSETSP	7010	0.044	0.037	0	0.020	0.035	0.056	0.212
SOE	7010	0.129	0.335	0	0	0	0	1.000
OUT	7010	0.377	0.053	0.333	0.333	0.364	0.429	0.571
BOARD	7010	8.267	1.439	5.000	7.000	9.000	9.000	12.000
DUAL	7010	0.365	0.481	0	0	0	1.000	1.000

二、相关性分析

表 5-3 是对变量进行 Pearson 相关性检验的结果，可以看到，投资者语调与分析师偏差变量基本在 1% 水平上呈负相关关系，表明分析师预测偏差越小，投资者的问题语调越积极，这与我们的初步预期一致。在控制变量方面，业绩与投资者语调显著呈正相关关系，说明业绩越好，投资者语调越积极；无形资产占比

表5-3 变量的相关系数

变量	QTONE1	QTONE2	DISPERSION	AFACCURACY	BIAS	OPTIMISM2	SIZE	ROA	GROWTH	MB	LEV	AGE	SEPERA-N	FSIR	YRET	STDMRRED	INSSHR	BIG4	INTANG-P	SOE	OUT	BOARD	DUAL
QTONE2	0.886***	1																					
DISPERSION	-0.044***	-0.002	1																				
AFACCURACY	-0.088***	-0.055***	0.298***	1																			
BIAS	-0.130***	-0.083***	0.405***	0.184***	1																		
OPTIMISM2	-0.061***	-0.027	0.204***	0.783***	0.268***	1																	
SIZE	-0.106***	-0.120***	0.052***	-0.082***	0.136***	-0.085***	1																
ROA	0.069***	0.035***	-0.395***	-0.336***	-0.480***	-0.305***	-0.004	1															
GROWTH	0.050***	0.022*	-0.078***	-0.160***	-0.124***	-0.141***	0.136***	0.220***	1														
MB	0.090***	0.066***	-0.160***	-0.065***	-0.180***	0.030	-0.415***	0.274***	0.058***	1													
LEV	-0.048***	-0.046***	0.237***	0.052***	0.265***	0.043***	0.517***	-0.329***	0.090***	-0.365***	1												
AGE	-0.078***	-0.096***	0.201***	0.029***	0.106***	-0.033**	0.466***	-0.152***	-0.036**	-0.225***	0.290***	1											
SEPERATION	-0.004	0	0.008	-0.011	-0.005	-0.036	0.071***	0.043***	-0.019	-0.061***	0.063***	0.090***	1										
FSIR	0.011	0.024**	-0.051***	-0.021	-0.021	-0.039***	0.013	0.105***	-0.026*	0.034***	0.022	-0.139***	0.221***	1									
YRET	0.070***	0.101***	0.201***	-0.049***	0.113***	-0.009	-0.105***	0.116***	0.082***	0.475***	-0.029**	-0.109***	0.004	0.049***	1								
STDMRRED	0.055***	0.068***	0.073***	0.025*	0.047***	0.123***	-0.166***	-0.049***	0.047***	0.459***	-0.040***	0.112***	-0.032**	0	0.566***	1							
INSSHR	-0.017	-0.044***	-0.071***	-0.078***	-0.081***	-0.068***	0.255***	0.069***	0.057***	-0.012	0.104***	0.180***	0.274***	0.167***	-0.101***	-0.088***	1						
BIG4	-0.043***	-0.042***	0.045***	-0.002	0.014	-0.016	0.184***	0.023**	0.007	-0.040***	0.086***	0.090***	0.021*	0.043***	-0.009	-0.030**	0.098***	1					
INTANGASSETSP	-0.037***	-0.026**	0.055***	0.047***	-0.013	0.037***	-0.041***	-0.059***	-0.008	-0.001	-0.020*	0.022*	0.005	0.007	0.026**	0.01	-0.004	0.007	1				
SOE	-0.058***	-0.056***	0.040***	-0.016	-0.001	-0.036***	0.168***	-0.031**	-0.052***	-0.117***	0.183***	0.218***	-0.006	0.114***	-0.016	-0.049***	0.199***	0.032***	-0.004	1			
OUT	0.003	-0.007	-0.012	0.043***	0	0.033**	-0.048***	-0.019	-0.009	0.093***	-0.039***	-0.017	-0.095***	0.068***	0.014	0.040***	-0.024*	-0.004	-0.018	-0.095***	1		
BOARD	-0.014	0.002	0.009	-0.054***	0.004	-0.056***	0.181***	0.047***	0.01	-0.150***	0.116***	0.099***	0.099***	-0.045***	-0.006	-0.063***	0.066***	0.033***	-0.006	0.255***	-0.623***	1	
DUAL	0.007	0.008	-0.041***	0.014	-0.028**	0.048***	-0.104***	0.018	0.017	0.076***	-0.073***	-0.120***	-0.086***	0.044***	0.005	0.034***	-0.051***	-0.035***	-0.012	-0.214***	0.144***	-0.175***	1

注:***表示 p<0.01,**表示 p<0.05,*表示 p<0.1。

代表公司的不确定性，与投资者语调呈显著负相关，说明无形资产占比越高，即公司不确定性越大，投资者语调越消极。其他变量之间的相关性也基本符合要求。此外，各变量之间的相关系数均未超过0.5，回归中的方差膨胀因子（VIF）值均不大，说明不存在严重的共线性问题。

三、多元回归分析

表5-4给出了主回归模型的结果。被解释变量是以 QTONE1 衡量的投资者语调，分析师预测偏差变量的系数分别为：−0.458、−0.004、−1.012 和−0.004，且均在1%水平上显著。这与假设 H5-1 预期一致，即分析师预测偏差越小，投资者语调越积极。在以 QTONE2 衡量投资者语调时，各变量系数及 t 值、p 值分别为：−0.025（t=−1.84，p=0.066），−0.000（t=−3.77，p=0.000），−0.047（t=−2.40，p=0.016），−0.000（t=2.89，p=0.004），可以得出相同的结论，以下各表仅列示 QTONE1 的结果，QTONE2 结论同 QTONE1，在此不再赘述。

表 5-4　多元主回归结果

变量	QTONE1			
	（1） X=DISPERSION	（2） X=AFACCURACY	（3） X=BIAS	（4） X=OPTIMISM
X	−0.458 *** （−2.34）	−0.004 *** （−3.66）	−1.012 *** （−4.02）	−0.004 *** （−3.19）
SIZE	−0.037 *** （−3.04）	−0.031 *** （−2.77）	−0.029 ** （−2.45）	−0.033 *** （−2.72）
ROA	0.130 （1.28）	0.164 （1.59）	−0.055 （−0.49）	0.126 （1.24）
GROWTH	0.023 *** （2.60）	0.030 *** （3.49）	0.021 ** （2.32）	0.019 ** （2.13）
STDMRETWD	−0.104 （−1.44）	−0.068 （−0.99）	−0.096 （−1.32）	−0.087 （−1.22）
MB	−0.005 （−1.52）	−0.003 （−0.87）	−0.003 （−0.82）	−0.003 （−0.90）

续表

变量	QTONE1			
	（1） X = DISPERSION	（2） X = AFACCURACY	（3） X = BIAS	（4） X = OPTIMISM
LEV	-0.005 （-0.14）	-0.002 （-0.04）	-0.008 （-0.21）	-0.016 （-0.41）
AGE	-0.024* （-1.86）	-0.029** （-2.03）	-0.025** （-1.96）	-0.026** （-1.99）
SEPERATION	0.001 （0.42）	0.001 （0.72）	0.000 （0.42）	0.000 （0.41）
FSHR	0.000 （0.03）	-0.000 （-0.57）	-0.000 （-0.05）	0.000 （0.22）
YRET	0.031*** （3.58）	0.024*** （3.10）	0.028*** （3.46）	0.022*** （2.74）
INSSHR	-0.005 （-0.20）	-0.028 （-1.19）	-0.004 （-0.18）	-0.004 （-0.18）
BIG4	-0.029 （-0.69）	-0.059 （-1.12）	-0.026 （-0.60）	-0.027 （-0.61）
INTANGASSETSP	-0.154 （-1.13）	-0.079 （-0.60）	-0.183 （-1.35）	-0.150 （-1.10）
SOE	0.011 （0.30）	-0.006 （-0.16）	0.010 （0.27）	0.012 （0.30）
OUT	0.137 （1.09）	0.074 （0.59）	0.143 （1.13）	0.144 （1.14）
BOARD	0.006 （1.12）	0.003 （0.68）	0.006 （1.11）	0.006 （1.20）
DUAL	0.011 （0.99）	0.020* （1.86）	0.011 （1.02）	0.013 （1.15）
CONS	1.167*** （4.25）	1.065*** （4.23）	1.032*** （3.79）	1.075*** （3.94）
FIRM&YEAR	控制	控制	控制	控制
N	5695	5533	5698	5699
F	10.66***	12.25***	11.15***	10.70***
R^2	0.067	0.081	0.069	0.068

注：括号内为经异方差调整的 t 值，***表示 $p<0.01$，**表示 $p<0.05$，*表示 $p<0.1$。

第五节 稳健性检验

一、内生性检验

本章结果中，投资者语调与分析师预测可能相互影响，也可能受其他因素影响，即两者之间存在内生性问题。我们采取以下方法来解决内生性问题。

（1）仿照 Chen 等（2015）和李春涛等（2016）的研究，利用券商关闭和合并的自然实验，通过双重差分考察两者之间的影响。券商的关闭和合并事件会导致部分分析师被解聘，分析师跟踪人数减少，预测准确度降低等，但不会直接影响到投资者语调，是一个理想的外部冲击。本章通过整理分析师所在券商名录信息和百度查询相关报道，得到五个符合条件的事件。

为排除不可观测因素干扰，本章控制公司固定效应估计如下模型：

$$QTONE = \beta_0 + \beta_1 TREAT + \beta_2 POST + \beta_3 TREAT \times POST + \beta_4 CONTROLS + FIRM + \varepsilon_{it}$$

其中，*TREAT* 区分处理组和对照组，*POST* 表示券商关闭或合并之后的变量。回归结果如表 5-5 所示，交乘项系数为 -0.217，表明当有券商退出后，该公司与对照组公司相比，投资者的语调有所下降。这印证了本章的结论。

表 5-5 双重差分结果

变量	DID QTONE1
POST_TREAT	-0.217* (-1.94)
TREAT	0.146* (1.67)

续表

变量	DID QTONE1
POST	0.061 (0.70)
控制变量	控制
FIRM&YEAR	控制
N	364
F	2.00***
R²	0.312

注：括号内为经异方差调整的 t 值，*** 表示 p<0.01，** 表示 p<0.05，* 表示 p<0.1。

（2）采用差分模型，可以消除不随时间变化的不可观测因素的影响，以缓解内生性问题。表5-6结果显示，各系数基本在1%水平上显著为负，与回归结果一致，说明具有稳健性。

二、改变解释变量度量方法

借鉴陈婧等（2021）的方法，使用分析师预测特征的虚拟变量（H_FERR 和 L_FERR，分别为 H_DIS、H_AFA、H_BIAS、H_OPT 和 L_DIS、L_AFA、L_BIAS、L_OPT）对本章的结果进行稳健性检验。具体而言，将分析师预测偏差变量由高到低分为四个等级。对 H_FERR 而言，等级最高的样本取1，其余为0；对 L_FERR 而言，等级最低的样本取1，其余为0。回归结果如表5-7所示，可以看出，H_FERR 与投资者问题语调（$QTONE1$）的系数均显著为负，L_FERR 与投资者问题语调（$QTONE1$）的系数均为正［其中第（3）列和第（4）列所表示的分析师预测特征变量，其系数在10%水平上显著为正］，这表明分析师预测偏差很大时，投资者会持有相对消极的态度去进行提问；反之，在面对分析师预测偏差较小的公司时，投资者会表现出一种更加积极的态度。这进一步验证了本章的结论。

表5-6 差分模型

变量	D. QTONE1							
	半差分				全差分			
	(1) X=D. DISPERSION	(2) X=D. AFACCURACY	(3) X=D. BIAS	(4) X=D. OPTIMISM	(5) X=D. DISPERSION	(6) X=D. AFACCURACY	(7) X=D. BIAS	(8) X=D. OPTIMISM
X	-0.287 (-1.41)	-0.004*** (-3.74)	-0.914*** (-3.63)	-0.006*** (-3.96)	-0.356* (-1.65)	-0.004*** (-3.68)	-0.817*** (-2.72)	-0.005*** (-3.28)
控制变量	控制	控制	控制	控制	控制	控制	控制	控制
YEAR&IND	控制	控制	控制	控制	控制	控制	控制	控制
N	3615	3574	3615	3615	3615	3574	3615	3615
F	6.63***	9.16***	7.00***	6.98***	6.93***	9.19***	7.19***	7.13***
Adj-R^2	0.060	0.095	0.063	0.065	0.064	0.097	0.065	0.066

注：括号内为经异方差调整的 t 值，*** 表示 $p<0.01$，** 表示 $p<0.05$，* 表示 $p<0.1$。

表5-7 改变解释变量度量方法的稳健性检验

变量	QTONE1			
	（1） X = DISPERSION	（2） X = AFACCURACY	（3） X = BIAS	（4） X = OPTIMISM
H_X	-0.015 * （-1.94）	-0.024 *** （-2.99）	-0.025 *** （-3.41）	-0.017 ** （-2.28）
L_X	-0.002 （-0.29）	0.008 （1.12）	0.015 * （1.84）	0.013 * （1.72）
控制变量	控制	控制	控制	控制
FIRM&YEAR	控制	控制	控制	控制
N	7010	7010	7010	7010
F	13.64 ***	14.02 ***	14.60 ***	13.82 ***
R^2	0.070	0.071	0.072	0.071

注：括号内为经异方差调整的 t 值，*** 表示 p<0.01，** 表示 p<0.05，* 表示 p<0.1。

三、将没有分析师跟踪预测的公司纳入样本

主回归样本局限于有分析师跟踪预测的公司，可能结果会有偏差。因此，我们将没有分析师跟踪的公司的分析师预测相关变量取值为 0，对结论进行检验，结果如表5-8所示。结果表明，分析师离散度、不精确度、分歧度、乐观度与投资者语调的系数分别为 -0.278、-0.003、-0.518 和 -0.003，t 值分别为 -1.93、-3.66、-2.57 和 -2.36，分别在 10%、1%、5% 和 5% 水平上显著相关。结论不变。

表5-8 将没有分析师跟踪预测的公司纳入样本的稳健性检验

变量	QTONE1			
	（1） X = DISPERSION	（2） X = AFACCURACY	（3） X = BIAS	（4） X = OPTIMISM
X	-0.278 * （-1.93）	-0.003 *** （-3.66）	-0.518 ** （-2.57）	-0.003 ** （-2.36）

续表

变量	QTONE1			
	(1) X = DISPERSION	(2) X = AFACCURACY	(3) X = BIAS	(4) X = OPTIMISM
控制变量	控制	控制	控制	控制
FIRM&YEAR	控制	控制	控制	控制
N	7010	7010	7010	7010
F	14. 12***	14. 39***	14. 37***	14. 31***
R²	0.070	0.072	0.071	0.071

注：括号内为经异方差调整的 t 值，*** 表示 p<0. 01，** 表示 p<0. 05，* 表示 p<0. 1。

四、控制年报语调的稳健性检验

作为公司信息披露的重要一部分，年报中的信息会被投资者和分析师所利用，研究发现年报语调具有一定的信息含量，因此年报语调可能对本章的结果产生影响。本章控制年报语调，检验结果如表 5-9 所示。结果表明，分析师离散度、精确度、分歧度、乐观度与投资者语调的系数分别为 - 0. 449、- 0. 004、- 0. 983 和 - 0. 004，t 值分别为 - 2. 30、- 3. 58、- 3. 90 和 - 3. 07，分别在 5%、1%、1% 和 1% 水平上显著相关。结论不变。

表 5-9　控制年报语调的稳健性检验

变量	QTONE1			
	(1) X = DISPERSION	(2) X = AFACCURACY	(3) X = BIAS	(4) X = OPTIMISM
X	-0. 449** (-2. 30)	-0. 004*** (-3. 58)	-0. 983*** (-3. 90)	-0. 004*** (-3. 07)
TONE	0. 142** (2. 17)	0. 109* (1. 67)	0. 131** (2. 00)	0. 134** (2. 02)
控制变量	控制	控制	控制	控制
FIRM&YEAR	控制	控制	控制	控制

续表

变量	QTONE1			
	（1） X = DISPERSION	（2） X = AFACCURACY	（3） X = BIAS	（4） X = OPTIMISM
N	5695	5533	5698	5699
F	10.36***	11.90***	10.84***	10.40***
R^2	0.068	0.081	0.070	0.069

注：括号内为经异方差调整的 t 值，*** 表示 $p<0.01$，** 表示 $p<0.05$，* 表示 $p<0.1$。

五、排除投资者情绪的影响

本章的研究结果可能会受到投资者情绪的影响。现有研究表明，投资者的情绪会影响到分析师的预测偏差（伍燕然等，2016；李晓青和庄新田，2016），另外，投资者的行为决策也会受其个人因素即情绪的影响，为了排除投资者情绪产生的干扰，本章控制投资者情绪对主回归模型进行回归。

投资者情绪（SENT）用以下指标进行衡量：

（1）投资者情绪指数（CICSI），数据来源于国泰安（CSMAR）数据库，使用业绩说明会前一个月的投资者情绪，是利用以下六个情绪变量进行主成分分析得出：封闭式基金折价（DCEF）、交易量（TURN）、IPO 数量（IPON）、上市首日收益（IPOR）、新增投资者开户数（NIA）和消费者信心指数（CCI）。计算式为：

$$CICSI = 0.231DCEF + 0.224TURN + 0.257IPON + 0.322IPOR + 0.405NIA + 0.268CCI$$

（2）代理指标——月市场换手率（TURN），选取业绩说明会前一个月作为时间窗口。

回归结果如表 5-10 所示，第（1）列至第（4）列投资者情绪用指数表示，第（5）列至第（8）列用换手率表示。在控制投资者情绪之后，分析师预测偏差变量与投资者语调的系数显著为负，结果不变。

表5-10 控制投资者情绪的稳健性检验

SENT	投资者情绪指数				月市场换手率			
	QTONE1							
	(1) X=DISPERSION	(2) X=AFACCURACY	(3) X=BIAS	(4) X=OPTIMISM	(5) X=DISPERSION	(6) X=AFACCURACY	(7) X=BIAS	(8) X=OPTIMISM
X	-0.465** (-2.37)	-0.004*** (-3.57)	-1.032*** (-4.09)	-0.004*** (-3.18)	-0.464** (-2.37)	-0.004*** (-3.55)	-1.017*** (-4.03)	-0.004*** (-3.13)
SENT	-0.000 (-0.20)	0.002 (0.84)	-0.000 (-0.13)	-0.000 (-0.09)	-0.117* (-1.80)	-0.048 (-0.72)	-0.108* (-1.65)	-0.112* (-1.72)
控制变量	控制	控制	控制	控制	控制	控制	控制	控制
FIRM&YEAR	控制	控制	控制	控制	控制	控制	控制	控制
N	5689	5526	5692	5693	5689	5526	5692	5693
F	10.24***	11.74***	10.73***	10.26***	10.36***	11.95***	10.89***	10.41***
R^2	0.067	0.080	0.069	0.068	0.067	0.080	0.070	0.068

注：括号内为经异方差调整的t值，*** 表示 $p<0.01$，** 表示 $p<0.05$，* 表示 $p<0.1$。

六、删除自愿召开业绩说明会的观测

本章选取的样本为 2007～2018 年召开业绩说明会的上市公司,这些公司召开年度业绩说明会,并非全部是由监管机构强制要求的。对于部分自愿召开的公司,其本身信息可能更加公开透明,当各个分析师做出的盈余预测有较大的偏差时,投资者更容易搜寻信息加以验证,当其在业绩说明会上提问时更有可能对可能存在的分歧意见提出负面信息,因此在这些观测里更有可能看到本章实证的结果。为了排除这些观测的影响,我们删除自愿召开的公司样本,模型回归结果如表 5-11 所示。可以看出,在去掉这部分观测样本后,分析师预测特征变量与投资者语调(QTONE1)的系数仍在 1% 水平上显著为负,本章结论依旧成立。同时,从回归结果中也能看出,减少的观测并不是很多,说明大多数上市公司是因监管机构的强制要求才召开业绩说明会的。

表 5-11　删除自愿召开业绩说明会的观测模型回归结果

变量	QTONE1			
	(1) X = DISPERSION	(2) X = AFACCURACY	(3) X = BIAS	(4) X = OPTIMISM
X	-0.467 *** (-2.78)	-0.004 *** (-4.27)	-0.986 *** (-4.09)	-0.004 *** (-3.02)
控制变量	控制	控制	控制	控制
FIRM&YEAR	控制	控制	控制	控制
N	5576	5413	5579	5580
F	11.79 ***	14.53 ***	12.15 ***	11.95 ***
R^2	0.066	0.079	0.067	0.066

注:括号内为经异方差调整的 t 值,*** 表示 $p<0.01$,** 表示 $p<0.05$,* 表示 $p<0.1$。

七、安慰剂检验

借鉴陈钦源(2017)的做法,我们采用以下两种方法进行安慰剂检验:①将分析师预测特征变量在各企业间随机变换，并重新进行模型的回归。若并非分析师预测偏差，而是其他与分析师预测特征相关，但尚未观测到的因素影响了投资者语调，则结果应该不变。②将没有召开业绩说明会的公司的分析师预测特征变量随机分配给样本公司，与投资者问题语调进行回归。若以上结果不显著，说明本章结论不会受遗漏变量的影响。检验结果如表5-12所示，其中第（1）列至第（4）列表示将分析师预测特征变量在样本公司间进行随机变换，第（5）列至第（8）列表示将没有召开业绩说明会的公司的分析师预测特征随机分配给样本公司，随机变换或分配后的分析师预测特征用"random_"表示。结果表明，各个分析师预测特征与投资者语调的回归系数均不显著，即安慰剂检验通过，这说明本章得出的结论是正确的，即投资者语调确实受到分析师预测偏差的影响。

表 5-12　安慰剂检验

变量	QTONE1							
	随机变换				随机分配			
	(1) X= DISPERSION	(2) X= AFACCURACY	(3) X= BIAS	(4) X= OPTIMISM	(5) X= DISPERSION	(6) X= AFACCURACY	(7) X= BIAS	(8) X= OPTIMISM
X	−0.062 (−0.54)	−0.001 (−0.82)	−0.006 (−0.03)	0.001 (0.75)	0.034 (0.89)	0.000 (0.41)	0.065 (0.64)	0.000 (0.25)
控制变量	控制	控制	控制	控制	控制	控制	控制	控制
FIRM&YEAR	控制	控制	控制	控制	控制	控制	控制	控制
N	5695	5533	5698	5699	6929	6929	6929	6929
F	11.37***	10.92***	11.36***	11.37***	14.17***	14.43***	14.50***	14.48***
R^2	0.069	0.069	0.069	0.069	0.065	0.065	0.065	0.065

注：括号内为经异方差调整的 t 值，*** 表示 $p<0.01$，** 表示 $p<0.05$，* 表示 $p<0.1$。

第六节 进一步分析

一、基于定量信息（业绩）的分组检验

表5-13考察了本章结论基于业绩分组时的情况。依以往研究，用 *ROA* 衡量业绩，将其分为好、中、差三组，并对业绩好与差的组进行比较。结果显示，除分析师不精确度（*AFACCURACY*）外，其他分析师预测偏差变量与投资者语调的关系在业绩好的组中更显著。这主要是因为：业绩好的公司，给予投资者对公司未来发展更多的信心，对公司年报等披露的信息更加予以确定，而不是质疑；在这种情况下，分析师预测离散度越小、分歧度越小等，投资者在提问时表现出来的情感语调也会更积极；而对于业绩较差的公司，由于本身面临的投资风险可能会加大，投资者变得更加小心谨慎，因此投资者对公司现有的业绩以及未来业绩都有可能存在更大的负面质疑，并且当公司披露的盈余等信息与预期不一致时，更可能降低投资者自身的乐观程度和对外部有利信息的信任，这时，分析师预测偏差对投资问题语调的调整就会相对减弱。

表 5-13 基于定量信息（业绩）的分组检验

变量	QTONE1							
	业绩好	业绩差	业绩好	业绩差	业绩好	业绩差	业绩好	业绩差
	$X = DISPERSION$		$X = AFACCURACY$		$X = BIAS$		$X = OPTIMISM$	
X	−0.975*	−0.334	−0.015	−0.004***	−2.477***	−0.465	−0.026***	−0.005***
	(−1.78)	(−1.31)	(−1.32)	(−2.98)	(−4.18)	(−0.95)	(−2.92)	(−2.62)
控制变量	控制	控制	控制	控制	控制	控制	控制	控制
FIRM&YEAR	控制	控制	控制	控制	控制	控制	控制	控制
N	2146	1614	1913	1732	2147	1615	2148	1615
F	4.36***	8.82***	3.83***	7.86***	5.06***	9.18***	4.86***	8.29***

续表

变量	QTONE1							
	业绩好	业绩差	业绩好	业绩差	业绩好	业绩差	业绩好	业绩差
	X=DISPERSION		X=AFACCURACY		X=BIAS		X=OPTIMISM	
R^2	0.076	0.113	0.066	0.139	0.086	0.112	0.079	0.120

注：括号内为经异方差调整的 t 值，＊＊＊表示 p<0.01，＊＊表示 p<0.05，＊表示 p<0.1。

二、基于分析师特征的分组检验

盈余预测的准确度是投资者评价分析师预测能力的标准之一，自 2003 年开始，《新财富》推出由机构投资者投票评选的"最佳分析师"。就理论而言，分析师为了获得投资者青睐，必须具备挖掘公司信息的能力。有学者研究发现，明星分析师的预测能力及其预测准确度高于其他分析师（李丽青，2012；谭松涛和崔小勇，2015）。因此，我们预期分析师预测偏差对投资者语调的影响在没有明星分析师跟踪时更明显。

本章按照有无明星分析师跟踪设置分组变量，如果公司被明星分析师跟踪取 1，否则取 0。结果如表 5-14 所示，除分析师分歧度（BIAS）外，分析师预测偏差其他三个变量回归系数均在非明星分析师组显著为负，而在明星分析师组中不显著，与预期相符。这说明在有明星分析师跟踪的组中，投资者更加信赖这一类公司，语调不会有太大的转变；而在没有明星分析师跟踪的组中，相比于有明星分析师跟踪的公司，投资者对公司的信任度可能有所下降，分析师预测偏差的变化也会显著影响到投资者语调的变化。

表 5-14　基于分析师特征的分组检验

变量	QTONE1							
	(1) 非明星分析师	(2) 明星分析师	(3) 非明星分析师	(4) 明星分析师	(5) 非明星分析师	(6) 明星分析师	(7) 非明星分析师	(8) 明星分析师
	X=DISPERSION		X=AFACCURACY		X=BIAS		X=OPTIMISM	
X	-0.571＊＊ (-2.37)	-0.252 (-0.56)	-0.006＊＊＊ (-3.23)	-0.004 (-1.42)	-0.677＊＊ (-2.07)	-1.496＊＊ (-2.49)	-0.005＊＊＊ (-2.71)	-0.002 (-0.60)

续表

变量	QTONE1							
	(1) 非明星分析师	(2) 明星分析师	(3) 非明星分析师	(4) 明星分析师	(5) 非明星分析师	(6) 明星分析师	(7) 非明星分析师	(8) 明星分析师
	X = DISPERSION		X = AFACCURACY		X = BIAS		X = OPTIMISM	
控制变量	控制	控制	控制	控制	控制	控制	控制	控制
FIRM&YEAR	控制	控制	控制	控制	控制	控制	控制	控制
N	3706	1989	2917	1989	3709	1989	3710	1989
F	6.92 ***	3.72 ***	6.21 ***	3.84 ***	6.99 ***	3.93 ***	6.74 ***	3.74 ***
R^2	0.069	0.066	0.090	0.068	0.068	0.073	0.070	0.066

注：括号内为经异方差调整的 t 值，*** 表示 $p<0.01$，** 表示 $p<0.05$，* 表示 $p<0.1$。

三、基于投资者情绪的分组检验

考虑到投资者的行为会受到情绪的影响，其获取信息的能力也可能会受其自身情绪影响，本章考察了分析师预测偏差与投资者语调在基于投资者情绪分组中的情况。定义情绪分组变量（SENT1），按照行业年度均值将业绩说明会前一个月的投资者情绪指数分为高低两组。表 5-15 结果显示，分析师预测偏差各个变量与投资者语调的关系在投资者情绪较高的组中更显著。这说明投资者在情绪高涨的时候，更有动力去吸收和采纳分析师的预测意见，能够更好地利用分析师的预测信息，从而在业绩说明会上表现出相对积极或消极的态度，提出更有针对性的问题；当投资者情绪低落时，不会积极去利用或者不能够充分地利用分析师的预测信息，对于分析师作出的预测信息会有较低的识别能力，因此在业绩说明会上提出相关问题时就会表现出对分析师预测信息较低程度的依赖。

表 5-15 基于投资者情绪的分组检验

变量	QTONE1							
	(1) 低	(2) 高	(3) 低	(4) 高	(5) 低	(6) 高	(7) 低	(8) 高
	X = DISPERSION		X = AFACCURACY		X = BIAS		X = OPTIMISM	
X	0.090 (0.25)	-0.553 ** (-2.04)	-0.003 * (-1.89)	-0.005 *** (-3.14)	-0.595 (-1.32)	-0.778 ** (-2.14)	-0.001 (-0.44)	-0.005 *** (-2.63)

续表

变量	QTONE1							
	(1) 低	(2) 高	(3) 低	(4) 高	(5) 低	(6) 高	(7) 低	(8) 高
	X = DISPERSION		X = AFACCURACY		X = BIAS		X = OPTIMISM	
控制变量	控制	控制	控制	控制	控制	控制	控制	控制
FIRM&YEAR	控制	控制	控制	控制	控制	控制	控制	控制
N	2043	3652	2319	3214	2046	3652	2046	3653
F	3.19***	9.30***	2.68***	9.76***	3.20***	9.23***	3.12***	9.44***
Adj-R^2	0.049	0.094	0.048	0.124	0.050	0.094	0.048	0.095

注：括号内为经异方差调整的 t 值，*** 表示 p<0.01，** 表示 p<0.05，* 表示 p<0.1。

四、投资者语调的信息效率检验

本章得出分析师预测偏差越小，投资者语调越积极这一结论，印证了业绩说明会上的投资者在进行提问时，表现出了一定的理性。那么，进一步地，投资者问题语调会产生何种市场反应？本章将从以下两个方面对投资者语调的信息效率进行检验。

1. 管理层语调的一致表现

在业绩说明会上，针对投资者的随机提问，管理层需要进行回答。那么在投资者提问时，管理层语调与投资者语调是否会有一致的情感偏向？本章将管理层语调（ATONE1）作为被解释变量，与投资者语调进行回归，结果如表 5-16 所示。结果表明，管理层回答语调与投资者问题语调表现一致，呈显著正相关关系。此外，从第（3）列和第（4）列中可以看出，在控制住投资者的问题语调之后，当分析师预测偏差和乐观性较大时，管理层会利用较为消极的语调谨慎应对。

表 5-16 管理层语调的一致表现的检验结果

变量	ATONE1			
	(1) X = DISPERSION	(2) X = AFACCURACY	(3) X = BIAS	(4) X = OPTIMISM
X	0.083 (0.69)	−0.001 (−0.93)	−0.516*** (−3.07)	−0.002*** (−2.76)

续表

变量	ATONE1			
	（1） X = DISPERSION	（2） X = AFACCURACY	（3） X = BIAS	（4） X = OPTIMISM
QTONE1	0.215 *** （18.50）	0.206 *** （17.46）	0.213 *** （18.27）	0.213 *** （18.39）
控制变量	控制	控制	控制	控制
FIRM&YEAR	控制	控制	控制	控制
N	5695	5533	5698	5699
F	20.73 ***	21.14 ***	21.17 ***	21.14 ***
R²	0.137	0.138	0.139	0.138

注：括号内为经异方差调整的 t 值，*** 表示 p<0.01，** 表示 p<0.05，* 表示 p<0.1。

2. 投资者语调能挖掘到公司特定信息吗？

在股票市场中，投资者的语调具体会产生何种影响？本章从股票市场信息传递效率的相关指标——股价同步性进行检验。股价同步性，是指个股价格波动与市场价格波动之间的关联性，一般来说，股价同步性越低，代表公司信息含量越高。刘瑶瑶等（2021）在对业绩说明会管理层语调进行分析时，从股价同步性的视角出发，研究得出管理层净语调与股价同步性显著负相关，表明管理层语调具有一定的信息含量，能够为信息使用者提供增量信息，从而提高资本市场的信息效率。本章则考察投资者语调的影响作用。

对于股价同步性的衡量，借鉴 Durnev 等（2003）的做法，运用模型来估计个股 R^2：

$$RET_{i,t} = \alpha_0 + \alpha_1 \times MARET_t + \beta_1 \times INDRET_{j,t} + \varepsilon_{i,t}$$

其中，$RET_{i,t}$ 代表股票收益率；$MARET_t$ 为市场收益率；$INDRET_{j,t}$ 为公司所在行业收益率，以流通市值为权重加权平均计算；R^2 为模型的年度回归拟合优度。

得到 R^2 后，对其进行对数变换，得到股价同步性指标 $SYN = \ln [R^2 / (1 - R^2)]$。

以股价同步性考察投资者语调产生的市场反应，结果如表 5-17 所示。本章将投资者语调分为积极与消极两组，具体地，$HQTONE1$ 表示积极的语调，在语调大于行业年度均值时取原值，小于时则取 0；类似地，$LQTONE1$ 表示消极的语调，在语调小于行业年度均值时取原值，大于时则取 0。结果表明，高语调组的回归系数显著为负，而低语调组的回归系数为负但不显著，说明股价同步性随着问题语调的提高在降低，表明投资者在业绩说明会上提问及其体现的语调能够挖掘到公司特定信息。

表 5-17　投资者语调的市场反应的检验结果

变量	F. SYN			
	(1) X = DISPERSION	(2) X = AFACCURACY	(3) X = BIAS	(4) X = OPTIMISM
X	-0.352 (-0.40)	-0.006 (-1.15)	-0.156 (-0.11)	-0.003 (-0.41)
HQTONE1	-0.255** (-2.37)	-0.273** (-2.57)	-0.253** (-2.36)	-0.256** (-2.37)
LQTONE1	-0.166 (-0.95)	-0.195 (-1.14)	-0.165 (-0.94)	-0.168 (-0.96)
控制变量	控制	控制	控制	控制
FIRM&YEAR	控制	控制	控制	控制
N	3253	3656	3253	3253
F	164.59***	191.40***	163.31***	163.60***
R^2	0.587	0.567	0.587	0.587

注：括号内为经异方差调整的 t 值，*** 表示 $p<0.01$，** 表示 $p<0.05$，* 表示 $p<0.1$。

第七节　结论与启示

为了加强上市公司信息披露与投资者关系管理，深交所要求年报披露之后召开年度报告说明会这一项制度安排应运而生。业绩说明会的召开，为上市公司管理层和外部投资者之间的沟通搭建了一个很好的平台，可以看出业绩说明会对投资者而言有着很大的现实意义。本章以 2007 ~ 2018 年召开业绩说明会的公司为研究样本，运用文本分析方法，以业绩说明会上投资者问题语调作为切入点，探究分析师预测偏差是否会影响投资者语调。研究发现：分析师预测偏差与投资者语调呈负相关，即分析师预测偏差越小，投资者语调越积极。两者之间的负相关关系在公司业绩较好、无明星分析师跟踪和投资者情绪较高的情况下更显著。进一步地，本章研究表明管理层回答语调与投资者问题语调表现一致，呈显著正相关关系，且股价同步性随着问题语调提高而降低，即表明投资者在业绩说明会上提问及其体现的语调能够挖掘到公司特定信息，这在一定程度上有利于股票市场的信息传递效率。

本章结果表明，业绩说明会这项制度安排在一定程度上是有效的，为投资者与管理层的互动搭建了桥梁，为投资者的信息搜寻提供了最直接的途径。这一结论对于相关监管机构有着重要的参考价值，各监管机构应该继续完善相关制度，以加强投资者与上市公司之间的交流沟通。另外，本章的实证结果也说明了公司信息披露的重要性，上市公司应积极主动披露相关信息，改善公司的信息环境和提高透明度。

第六章

投资者"发声"时,公司会倾听吗?
——基于业绩说明会投资者的分红诉求①

本章用实证方法研究了投资者发声是否会影响公司政策。基于 2006~2015 年中国上市公司网络业绩说明会(Online Earnings Communication Conferences, OECC)记录的数据,研究表明,公司确实会通过增加未来现金分红对投资者分红诉求做出回应。研究发现,投资者提出的与分红相关问题的数量、对现有分红的不满的问题数量、公司高管的回复率以及董事长是否出席业绩说明会均与公司未来现金分红呈正相关关系。进一步地,这种正相关关系主要集中在面临来自同行、市场和监管机构压力更大的公司。此外,因投资者发声增加的现金分红支出并未以削减未来投资为代价。总体而言,研究结果表明,在线互动平台赋予股东话语权,并帮助他们与公司管理层以更具成本-效益的方式进行成功对话。

---

① 本章内容主要翻译自:Lin L, Liao K, Xie D. When Investors Speak, Do Firms Listen? The Role of Investors' Dividend-related Complaints from Online Earnings Communication Conferences [J/OL]. Abacus, 2023, 59(1):32-75. https://onlinelibrary. wiley. com/doi/10. 1111/abac. 12257。

第一节 引言

对投资者而言，与公司管理层交流通常是成本高昂的（Ertimur et al.，2010；Cohn et al.，2016；Matsusaka and Ozbas，2017；Gulen and O'Brien，2017）。传统方式下，股东往往通过发声（直接干预，如股东提案或代理访问，俗称"用手投票"）或退出（卖出股票并离开公司，俗称"用脚投票"）来参与投资组合中的公司决策。然而，发声往往成本太高，且"搭便车"问题进一步阻碍了投资者的发声，除非他们在该公司持有大量股份（Shleifer and Vishny，1986；Prevost and Rao，2000；Cronqvist and Fahlenbrach，2009；Boyson and Pichler，2019；Brav et al.，2018）。此外，投资者的发声通常是私密的且幕后的（Brav et al.，2008；McCahery et al.，2016），主要以面对面讨论、电话、信件、电子邮件交换等形式进行，研究人员在很大程度上是无法观察到的。由于成本几乎可以忽略不计，以及可能的来自公共（可见度高）舆论压力，社交媒体和社交网络服务（Social Network Service，SNS）等新兴信息技术的应用在很大程度上改变了公司与投资者之间的互动格局，并在资本市场中发挥着越来越重要的作用（Lee et al.，2015；Miller and Skinner，2015；Ang et al.，2021）。

在本章，我们研究新兴技术是否有助于增强股东的发声，通过促进投资者和公司之间具有成本效益的沟通来传达股东的观点和偏好，从而促使公司改变行为。具体而言，我们研究公司是否通过改变分红政策来回应投资者在网络业绩说明会（以下简称OECC）的分红相关诉求。

本章数据样本是由 2006~2015 年的 5355 个 OECC 的相关数据组成。[①] 上市公司在网络平台 (https：//www. p5w. net) 上召开年度 OECC，供投资者与上市公司高管之间进行充分互动。与盈余电话会议一样，OECC 首先是财务业绩的陈述环节，然后是问答环节。在问答环节中，任何投资者，无论是机构还是个人，都可以匿名向网络平台上的高管提问。附表 1 提供了一家上市公司业绩说明会问答环节示例，列示了投资者提出的有关分红的问题。我们分析了样本中网络业绩说明会上投资者提出的每个问题，并使用附表 2 中提供的关键词识别与分红的相关问题，使用附表 3 中提供的语气词来识别投资者对当前分红政策的态度，并将那些持消极态度的问题归类为投资者诉求。

首先，我们发现投资者提出的分红相关问题的数量和与分红相关的诉求数量（即投资者对现有分红政策持消极态度的问题数）与未来的分红支付呈正相关。其次，我们测试该公司高管积极参与业绩说明会是否会使未来分红支付增加[②]。结果表明，当一家公司高管回应更多的问题与诉求时，以及当公司一把手回应此类问题和诉求时，则更有可能满足投资者对分红的需求。

我们进行了以下稳健性检验：第一，使用分红支付的替代指标和业绩说明会问答的替代指标，结果是稳健的。第二，研究表明自愿召开业绩说明会的公司更容易被投资者所接受，而这种更好的可接受性假设意味着公司代理问题较少（Firth et al.，2019），这些公司的治理水平更高并会支付更高水平的分红。因此，我们删掉了自愿召开业绩说明会的公司年度观测值，重新运行基准模型，结论保

---

① 我们将样本期限制在 2006~2015 年，原因如下：互动平台（https：//www. p5w. net）的控股股东是《证券时报》，是公布上市公司信息披露的指定报纸之一。因此，自 2005 年网络业绩说明会首次召开以来，该平台一直是上市公司举行在线盈余沟通会议的主导和官方在线平台。然而，其他平台如同花顺、约调研自 2015 年以来获得了相当大的市场份额，并且公司能够自愿选择平台召开网络业绩说明会。为了不因为其他数据源引入样本选择偏差，我们将样本期限制在 2006~2015 年。在此期间，我们样本中的大多数公司实际上在 https：//www. p5w. net 上召开网络业绩说明会。

② 我们还考虑了一个替代框架，即公司回复是否可以调解投资者分红问题或诉求对公司政策的影响。我们通过将管理层的问题回复率（RSPPCT）作为中介来进行 Sobel - Goodman 中介效应检验。自变量（LNQNUM）对回复率（RSPPCT）的 OLS 回归系数显著为正。然后，我们将 RSPPCT 作为额外的自变量加入到主回归模型里进行回归。结果显示，LNQNUM 和 RSPPCT 回归系数均为正，而 LNQNUM 系数从原来的 0. 360 降至 0. 270。但是，RSPPCT 系数不显著，表明管理层回复可能不是中介因素，而是治理效果的重要驱动因素。

持不变。第三，我们执行安慰剂测试，该测试表明未来增加的分红与业绩说明会中总问题以及非分红相关问题的数量无关，排除了另一种解释，即公司对分红的反应能力是由投资者的（一般）关注而不是对分红的需求驱动的。第四，我们使用业绩说明会问答指标的工具变量，即业绩说明会是否属于集体召开（即同一地区的上市公司应邀加入并同时召开业绩说明会），2SLS 估计结果表明主要推论不变。第五，我们以公司是否有分红承诺计划为条件进行分组回归，结果排除了其他可能的解释，即规定的分红政策会促使投资者提出与分红相关的问题，同时增加未来的分红支付。

一般来说，尽管公司会迎合投资者对其分红支付水平的需求（Baker and Wurgler，2004；Li and Lie，2006；Li et al.，2017；Kumar et al.，2020），但他们的动机各不相同（He and Li，2018）。因此，我们进行横截面分析，并检查公司特征对回应投资者诉求与增加分红支付决策的影响。我们的经验证据表明，投资者分红相关诉求与上市公司未来分红支付之间的正相关关系是由来自同行、市场和监管机构的压力推动的。

现有文献表明，在市场压力下，企业可能削减提升价值的投资以实现每股收益目标（He and Tian，2013；Almeida et al.，2016）。一个自然延伸的问题是，企业是否削减投资以适应投资者对分红的需求（Brav et al.，2005），以及这种需求是否反映了管理者的短视主义。事实上，我们的经验证据表明，投资者对分红相关的诉求与公司未来创新呈负相关。然而，当我们根据公司在 t+1 年内是否增加现金分红来划分样本时，发现上述负相关关系并不是由响应投资者分红诉求的公司驱动的，这表明为了回应投资者的发声而增加支出并不是以削减提升价值的投资为代价的，这也意味着与那些无视投资者诉求的公司相比，听取投资者意见的公司并没有做出更糟糕的决定。

本章实证的文献贡献体现在以下几个方面：第一，我们拓展了关于股东发声如何促进与公司管理层沟通的文献。发声往往是成本高昂的，通常情况下，股东不能将他们的想法强加给管理层，但又要说服管理者采用他们不具约束力的提案或投票结果（Ertimur et al.，2010；Levit and Malenko，2016）。关于投资者发声的现有文献记录了有关股东提案和股东投票的混合证据，表明这些法定权利的提出和批准，对公司政策产生了实际影响（Dimitrov and Jain，2011；Ertimur et al.，2013；Ferri and Oesch，2016；Schwartz-Ziv and Wermers，2018），对公司价值的影响研究结果是混合的（Gillan and Starks，2000；Harris and Raviv，2010；Cai and Walkling，2011）。在与管理者在线交流方面，我们专注于股东的发声，并提供了与 Levit（2019）关于发声如何促进沟通的理论预测相一致的经验证据。

第二，我们拓展了关于新兴信息技术对金融市场影响的文献。互联网的发展在很大程度上重塑了财务报告的格局（Lau and Wydick，2014；Blankespoor et al.，2014a；Lee et al.，2015；Drake et al.，2015；Dai et al.，2015；Brown et al.，2015）和公司治理（Elliott et al.，2018；Ang et al.，2021；He，2021）。我们的研究通过提供新技术如何促进投资者和管理者之间的双向沟通并使投资者的发声被听到来拓展文献。在网络业绩说明会的背景下，管理者被要求回答机构和散户投资者的问题，本章实证展示了这种网络平台如何增强散户投资者的声音，使他们有机会公开发表意见，与管理层互动，并表达他们对公司的意见与不满。

第三，本章实证还有助于拓展投资者保护的相关研究，包括对新兴市场股东积极主义（shareholder activism）的监管。股东积极主义是公司治理的重要力量，在发达资本市场中得到了很好的研究（Brav et al.，2018；Boyson and Pichler，2019），但目前尚未清楚股东积极主义是否以及如何在新兴市场发挥作用，因为制度环境的不完善以及金融市场的相对不发达阻碍了新兴市场投资者参与公司治理（Jiang and Kim，2020）。相反，投资者群体可能不得不依赖监管机构。通过记录监管机构发起和投资者参与的网络业绩说明会如何促进投资者和公司管理层之间的沟通，本章实证有助于了解新兴市场中监管机构（或政府）协助的股东积极主义。

第四，本章的研究与传统的电话会议研究有关，但已有的相关电话会议研究更关注投资者的信息获取功能（Hollander et al.，2010），而我们的研究结果表明，投资者的声音会被公司管理者听到并积极回应。

第二节　研究假说的提出

本书从业绩说明会的制度背景、特征与比较（具体见本书第二章），论证了网络业绩说明会是投资者与公司管理者之间最重要和最有效的互动形式，尤其是与日常互动平台（互动易和 e 互动）相比。接下来，在此基础上，将论证并提出本章的研究假说。

一、中国投资者对分红的需求

虽然 MM 理论假设股利与公司价值无关（Miller and Modigliani，1961），但公司治理文献认为，分红通过迫使公司支付额外的自由现金流来抑制代理问题，否则这些自由现金流被经理人用于帝国建造（empire-building），为他们带来私有收益（Easterbrook，1984）。分红结果模型预测，少数股东利用其法律权力向公司内部人士施压，要求他们支付现金，而分红的替代模型则将分红视为弱投资者保护的替代品（La Porta et al.，2000）。在投资者保护较差的新兴市场，比如中国，以控股股东征用形式出现的隧道问题（tunneling problem）较为严重（Fan and Wong，2002；Dyck and Zingales，2004；Jiang et al.，2010）。为了加强中国资本市场的投资者保护，中国证监会等监管机构一直在推动企业增加利润的分配。

Jiang 等（2020）指出，中国上市公司的股利政策在很大程度上受到监管的影响。中国证监会的观点与公司治理文献中关于分红的观点是一致的（Easterbrook，1984；Jensen，1986；Gomes，2000）。这些理论预测，过剩的自由现金流可能被内部人转移用于个人用途［比如，Jiang 等（2010）的研究表明，公司间贷款会被控股股东征用］，或者致力于无利可图的项目，并为内部人士提供私人收益。2004 年，中国证监会在《关于加强社会公众股股东权益保护的若干规定》中指出，上市公司最近三年未进行现金利润分配的，不得向社会公众增发新股、发行可转换公司债券或向原有股东配售股份。2011 年 11 月开始针对创业板上市公司，之后扩展到对全部上市公司，中国证监会出台了"分红承诺规则"，要求公司在章程中纳入分红承诺。中国证监会鼓励机构和个人投资者"积极参与公司分红决策"，并要求上市公司"就分红政策与投资者进行沟通"。2013 年 12 月，国务院办公厅在《关于进一步加强资本市场中小投资者合法权益保护工作的意见》中声明，"上市公司应当披露利润分配政策尤其是现金分红政策的具体安排和承诺。对不履行分红承诺的上市公司，要记入诚信档案，未达到整改要求的不得进行再融资。独立董事及相关中介机构应当对利润分配政策是否损害中小投资者合法权益发表明确意见""对现金分红持续稳定的上市公司，在监管政策上给予扶持。制定差异化的分红引导政策"。

投资者偏好是分红决策的一个重要因素，投资者迎合（investor catering）也解释了中国企业分红政策的一部分（Jiang et al.，2020）。然而，衡量投资者偏好很困难。一部分股利文献是将客户效应作为公司股利政策的决定因素。这些研究调查了投资者偏好（特别是税收偏好）如何影响公司的分红政策（Lie and Lie，1999；Chetty and Saez，2005；Blouin et al.，2011）。Li 等（2017）利用 2012 年中国分红税改革研究发现，面临个人投资者分红税率降低（增加）的公司更有（不）可能增加分红支付。虽然这些研究从投资者的税率中推断出投资者的分红偏好，但在我们的研究情境中，明确地捕捉了投资者的偏好，正如他们对公司当前分红政策的评论所揭示的那样。因此，我们能够直接测试公司是否会忽视或听取投资者对分红的偏好。我们在以下两部分提供了竞争性论点。

二、为什么公司会忽视投资者及其意见

出于以下原因，公司可能会忽略他们的投资者，忽视投资者的发声。第一，尽管近年来随着他们有更好的代理权通道（access for proxies），股东权力有所增加，且股东提案越来越多地从投票中获得多数支持（Harris and Raviv，2010；Ertimur et al.，2010；Levit and Malenko，2011；Cohn et al.，2016），但股东仍然不能将其观点强加于管理层。管理者有办法保护自己不受股东提案的影响。此外，正如 Levit 和 Malenko（2016）的理论预测，当管理层和股东利益不一致时，无约束力投票（nonbinding voting）可能无法传达股东观点。

第二，在中国这样的新兴市场，投资者保护和法律执行力度不足以限制上市公司控股股东从内部进行掏空。控股股东关心股东价值的动机有限，因为他们有其他来源获得私人收益（Fan and Wong，2002；Dyck and Zingales，2004；Jiang et al.，2010）。

第三，投资者之间的异质偏好和利益冲突可能导致嘈杂的信息聚合（Maug and Yilmaz，2002），使管理层难以推断投资者的真实偏好。管理者还可能认为，他们比外部投资者具有信息优势，后者因缺乏足够的信息和知识而无法做出重要和复杂的决策，并且不知情的外部投资者的跟随也可能会破坏公司价值（Harris and Raviv，2010）。

综上所述，公司有可能忽视投资者的声音，在分红决策中不考虑外部意见。

三、为什么公司会倾听投资者的意见

然而，我们也可以期望公司会听取投资者的意见，并在公司决策过程中纳入投资者的声音，原因如下：第一，法律上不具约束力的股东提案和投票结果越来越多地被公司实施（Thomas and Cotter，2007；Ertimur et al.，2010；Cuñat et al.，2012；Ferri and Maber，2013；Iliev et al.，2015），实施（忽略）此类股东提案通常会增加（减少）股东价值（Cuñat et al.，2012）。比如，Ertimur 等（2010）研究表明，职业关注（career concerns）促使董事们实施获得多数支持的股东提案，而实施此类提案会降低他们失去董事会席位（以及其他董事职位）的可能性，降低程度近20%。同样，尽管网络业绩说明会中的投资者诉求不具有约束力，但忽视投资者诉求可能会引起监管审查，并给公司和管理者造成声誉损失。例如，中国的"遵守或解释"分红监管要求分红水平低的公司解释如何使用未分配资金，并披露独立董事对低分红水平的意见（He and Li，2018）。

第二，不断发展的信息技术使投资者和公司管理层之间能够进行互联网沟通，并大大降低了沟通成本（Elliott et al.，2018；Feng and Johansson，2019）。在线平台使管理者更容易接近并了解投资者的需求和偏好；否则，管理者是不会意识（注意）到的。公众能见度（public visibility）的提高也有助于通过施加市场压力（Bagnoli and Watts，2015）和声誉问题来约束管理者。现有证据表明，有纪律性（约束性）的管理（disciplined management）会出现董事会效率的提高（Joe et al.，2009）、减值收购的撤销（Liu and McConnell，2013）、更有效的薪酬合同（Core et al.，2008；Kuhnen and Niessen，2012）以及会计欺诈的减少（Miller，2006）。此外，Levit（2019）的理论模型预测，当管理者有动机避免公众活动的后果时，发声会增强沟通。因此，我们期望公众股东在网络平台上的声音能够对管理者施加压力和约束。

第三，由于监管机构一直在鼓励上市公司增加其利润分配，忽视投资者对增加分红的需求不仅会给公司及其控制的内部人带来声誉损失，还会带来政治成本。这一制度背景使我们的观点与 Levit 和 Malenko（2016）的模型相吻合，他们预测，在某些情况下，活跃投资者的存在能够约束管理层，并增强了不具约束力的投票的咨询作用。换言之，中国证监会的存在以及对公司管理层的不断约束，增强了非约束性在线民意调查的咨询作用，投资者可以在其中表达自己的需求和偏好。

综上所述，公司是否回应投资者关于分红政策的声音是一个实证问题。因此，我们提出零假说：

H6-1：未来分红与投资者在网络业绩说明会上提出的分红相关问题和诉求不相关。

第三节　研究设计

一、样本选取与数据来源

我们从全景网互动平台（https：//www. p5w. net）检索网络业绩说明会的记录。我们使用 Perl 网络爬行算法编程下载 2006～2015 年在平台上召开的网络业绩说明会的内容，涵盖 2005~2014 财政年度。由于所有中国公司的财政年度均在 12 月 31 日结束，并且公司在年度报告发布后与投资者召开业绩说明会，因此，我们的分析单位是按公司年度计算的，每个公司年度观测对应于一个且仅一个业绩说明会。我们剔除了 ST 公司和金融行业公司，最终得到有效样本 5355 个公司年度观测①。本章中其他变量的数据来自 CSMAR 和 Resset 数据库。所有连续变量在上下 1% 水平进行缩尾处理，以避免极端值的影响。

我们分析网络业绩说明会中参与者提出的每个问题，并通过问题是否包含"分红""股利政策""利润分配"等关键词来识别与分红相关的问题。我们使用以下过程构造关键词列表。首先，使用一个简短的关键词列表来标记样本中的问题。其次，随机选择问题的子样本，并确认它们被正确标记为分红相关或非分红相关。如果我们发现一条记录存在 I 类错误（即非分红相关问题被错误标记），将对标记为分红相关的记录的关键词施加进一步限制。一个例子是"分配"这个词。通常，"分配"是指向股东分配分红。然而，它也意味着企业内部资源的再分配，例如劳动力的再分配。在我们的设置中，II 类错误更难检测（即与分红相关的问题未被检测到）。我们不断地来回更新关键词列表，直到随机子样本中的 I 型和 II 型错误微不足道。我们给出了附表 2 中所示的最终关键词列表。然后，我们将主要自变量 *LNQNUM* 定义为 1 加上每个业绩说明会参与者提出的分红相关问题的数量后取自然对数。我们还使用分红问题的百分比（分红相关问题的数量除以网络业绩说明会中提出的问题总数，即 *QDIVPCT*）作为稳健性检验的替代指标。

然后，我们试图通过分析网络业绩说明会参与者提出分红相关问题时的语气来识别投资者对公司分红政策的态度。我们按照上述程序构建关键词列表，以识别消极态度（见附表3）。基于这种识别，我们构造了变量 *LNQNEG*。*LNQNEG* 是1 加上具有消极态度的投资者提出的分红相关问题数量后取自然对数。我们还使用消极分红问题的百分比（消极分红相关问题的数量除以分红相关问题数量，即

---

① 因为自愿召开网络业绩说明会的公司年度观测数量有限，所以我们无法对自愿选择召开业绩说明会的影响因素进行有意义的实证检验。

$QNEGPCT$；消极分红问题数量除以所有问题数量，即 $QNEGPCT1$）作为稳健性检验的替代指标。

我们还有另外两个代理指标，用于代表在网络业绩说明会召开期间公司管理层对投资者诉求的响应能力。$LNANS$ 是 1 加上管理层在网络业绩说明会期间回答的分红相关问题数量后取自然对数，$CHAIRIN$ 是一个虚拟变量，如果董事会主席/董事长[①]在业绩说明会上回答与分红相关的问题，则等于 1。我们还使用回复率（即回答的问题与分红相关问题总数的比率，$RSPPCT$）作为稳健性检验的替代指标。我们推测，当公司管理层更关心投资者的声音时，管理层更有可能对投资者的意见做出回应，且高层管理人员会积极回应这些与分红有关的问题。

二、模型构建与变量选择

本章的因变量是未来分红支付（$F1\_LNDIV$），以 1 加上网络业绩说明会召开后一年支付给普通股股东的现金股利并取自然对数来衡量。稳健性检验中，我们使用分红支付的替代指标。$F1\_DIVDM$ 是虚拟变量，如果公司在网络业绩说明会之后的一年内支付现金股利，则该变量等于 1，否则为 0。$F1\_DIVASS$ 和 $F1\_DIVUNDISPRF$ 分别是按总资产和留存收益去除后续分红。$\Delta LNDIV$ 是 $F1\_LNDIV$ 和 $LNDIV$ 的差值，即未来分红支付对数的变动。基准模型如下：

$$DIV_{t+1} = \alpha_0 + \alpha_1 OECC_t + \alpha_2 CONTR + \sum Year + \sum Ind + \epsilon\# \qquad (1)$$

其中，自变量 $OECC$ 参见上文，因变量 DIV 包括上述定义的分红变量。

根据之前的文献（Firth et al., 2016；Li et al., 2017），我们在模型中控制了如下变量。我们预计分红与公司盈利能力之间存在正相关关系，因此控制资产回报率（ROA）[②] 和年度股票回报率（$YRET$）。本年度分红（$LNDIV$）纳入控制变量。由于自由现金流是现金股利的重要影响因素，我们将自由现金流（FCF）

---

① 中国上市公司董事会主席通常为非独立执行董事，在大多数情况下，由其为公司做出最终决定（Jiang and Kim, 2020；Jiang et al., 2020）。

② 在运行基准模型时，我们分别使用 ROA_t 和 ROA_{t+1} 作为控制变量，结论保持不变。

定义为经营和投资活动现金流减去利息的总和①。我们还控制了公司特征变量，包括规模（SIZE）、财务杠杆（LEV）、市账比（MTB）和所有权类型（SOE）。另外，还控制了公司治理因素，包括董事会规模（BOARD）、两职合一（DU-AL）、交叉上市（HB）、控股股东持股比例（FSHR）和独立董事比例（OUT）。我们还控制公司是否有动机在未来两年内再发行股票（SEO），以满足与分红相关的监管要求。此外，我们还控制年度和行业固定效应，对制造企业使用两位数的行业分类，对其他行业的公司使用一位数的行业分类。有关变量定义如表6-1所示。

表6-1　本章变量定义

变量符号	定义
ALLQ	网络业绩说明会上投资者提出的问题数量
QNUM	投资者提出的与分红相关的问题数量
QDIVPCT	分红相关的问题数量/问题总数量
QNEG	带有消极态度的分红相关的问题数量
ANS	回应的分红相关的问题数量
LNQNUM	1 加 t+1 年投资者提出的分红相关问题数量并取自然对数
LNQNEG	1 加 t+1 年带有消极态度的股利相关问题的数量并取自然对数
LNANS	1 加 t+1 年回应的分红相关问题的数量并取自然对数
CHAIRIN	虚拟变量，如果董事长参与回答当年的分红问题，取 1，否则为 0
F1_LNDIV	1 加 t+1 年的现金股利并取自然对数
LNDIV	1 加 t 年的现金股利并取自然对数
ROA	t 年总资产收益率
SOE	如果公司的最终控股股东在 t 年是政府或政府机构，则为 1，否则为 0
FSHR	第一大股东持股比例
SIZE	t 年平均总资产的自然对数
LEV	t 年末总负债与总资产之比
MTB	t 年末市账比

① 根据中国会计准则，由于利息支付列在融资现金流部分，我们对自由现金流的计算与美国公认会计准则下的经营和投资现金流总和的计算具有可比性。

变量符号	定义
YRET	t 年股票持有回报
FCF	t 年经营活动和投资活动的净现金流量之和（不包括支付的利息费用）占 t 年总资产的比率
BOARD	t 年董事会董事人数的自然对数
DUAL	如果董事会主席兼任总经理，则为 1，否则为 0
OUT	t 年独立董事在董事会中的比例
HB	如果该公司发行了 H 股或 B 股，取 1，否则为 0
SEO	如果公司在未来两年内股权再融资，取 1，否则为 0
INNOV	Ln（1+随后三年授予的平均专利数量）

第四节　实证结果与分析

一、描述性统计分析

表6-2 中 Panel A 提供了网络业绩说明会各特征变量的描述性统计。一般而言，投资者在网络业绩说明会中平均提出 81 个问题（*ALLQ*），而中位数（最小值/最大值）为 66（26/272）。在这些问题中，平均（中位数）有 5.1%（4.6%）被标记为分红相关问题。换句话说，在一次网络业绩说明会期间，投资者提出了 3.9 个与分红相关的问题（*QNUM*），管理层平均回答了投资者提出的 3.5 个问题（*ANS*）。此外，平均有 1.5 个问题表明了投资者对公司分红政策的消极态度，我们称为分红相关诉求（*QNEG*）。Panel B 中，除了 2008 年和 2009 年金融危机期间的小幅增加外，年度统计数据并未显示分红支付存在增加或减少趋势的模式。

表6-2 中 Panel C 提供了其他主要变量的描述性统计。平均而言，样本中 77.2%的公司向其普通股股东支付现金股利（*F1_DIVDM*），处于中值的公司向

其股东支付 1810 万元人民币的现金股利（*F1_LNDIV*）。样本中的中值公司总资产（*SIZE*）为 16.18 亿元人民币，资产负债比率（*LEV*）为 32.8%，市账比（*MTB*）为 2.935。中值公司的总资产回报率（*ROA*）为 5.1%，但会产生负的自由现金流（*FCF*）（占总资产的−4.9%）。国有企业（*SOE*）占公司年度观测的 21.2%，只有 0.9% 的观测是交叉上市公司（*HB*）。第一大股东（*FSHR*）拥有中值公司 34.35% 的已发行股份，31.1% 的公司在未来两年内有股权再融资（*SEO*）。Panel D 展示了主要变量之间的 *Pearson* 相关系数。下一年的分红（*F1_LNDIV*）与当前分红水平（*LNDIV*），以及投资者在分红政策上发声的四个代理指标（*LNQNUM*、*LNQNEG*、*LNANS*、*CHAIRIN*）呈显著正相关。

表 6-2 描述性统计和相关分析

Panel A：网络业绩说明会特征变量的描述性统计						
VARIABLE	N	MEAN	SD	MIN	P50	MAX
ALLQ	5355	80.669	43.779	26	66	272
QNUM	5355	3.934	3.403	0	3	19
QDIVPCT	5355	0.051	0.036	0	0.046	0.182
QNEG	5355	1.510	2.267	0	1	14
ANS	5355	3.482	2.823	0	3	15
LNQNUM	5355	1.382	0.669	0	1.386	3.045
LNQNEG	5355	0.669	0.658	0	0.693	2.708
LNANS	5355	1.305	0.649	0	1.386	2.773
CHAIRIN	5355	0.455	0.498	0	0	1

Panel B：网络业绩说明会特征变量分年度统计					
OECC 召开年（财政年）	N	*LNQNUM*	*LNQNEG*	*LNANS*	*CHAIRIN*
2006（2005）	28	1.168	0.716	1.037	0.393
2007（2006）	49	1.298	0.904	1.151	0.469
2008（2007）	121	1.859	1.061	1.590	0.686
2009（2008）	306	1.915	1.235	1.633	0.484
2010（2009）	350	1.391	0.717	1.267	0.419
2011（2010）	478	1.397	0.719	1.328	0.517

续表

Panel B：网络业绩说明会特征变量分年度统计

OECC 召开年（财政年）	N	LNQNUM	LNQNEG	LNANS	CHAIRIN
2012（2011）	782	1. 562	0. 831	1. 489	0. 561
2013（2012）	980	1. 421	0. 580	1. 367	0. 460
2014（2013）	1134	1. 291	0. 484	1. 238	0. 404
2015（2014）	1119	1. 118	0. 575	1. 086	0. 380
Total	5355	1. 382	0. 669	1. 305	0. 455

Panel C：其他主要变量的描述性统计

VARIABLE	N	MEAN	SD	MIN	P50	MAX
F1_LNDIV	5355	13. 260	7. 285	0	16. 710	20. 350
F1_DIVDM	5355	0. 772	0. 420	0	1	1
LNDIV	5355	13. 630	6. 979	0	16. 710	20. 360
ROA	5355	0. 056	0. 052	−0. 120	0. 051	0. 238
SOE	5355	0. 212	0. 408	0	0	1
FSHR	5355	35. 850	14. 400	9. 649	34. 350	71. 750
SIZE	5355	21. 360	0. 948	19. 490	21. 200	24. 680
LEV	5355	0. 351	0. 196	0. 031	0. 328	0. 821
MTB	5355	3. 617	2. 400	0. 930	2. 935	17. 84
YRET	5355	−0. 057	0. 475	−1. 746	−0. 102	2. 130
FCF	5355	−0. 056	0. 101	−0. 347	−0. 049	0. 199
BOARD	5355	2. 134	0. 181	1. 609	2. 197	2. 565
DUAL	5355	0. 329	0. 470	0	0	1
OUT	5355	0. 372	0. 052	0. 333	0. 333	0. 571
HB	5355	0. 009	0. 093	0	0	1
SEO	5355	0. 311	0. 463	0	0	1

Panel D：Pearson 相关分析

	F1_LNDIV	LNDIV	LNQNUM	LNQNEG	LNANS
LNDIV	0. 458 ***				
LNQNUM	0. 095 ***	0. 087 ***			
LNQNEG	0. 083 ***	0. 049 ***	0. 708 ***		
LNANS	0. 116 ***	0. 121 ***	0. 945 ***	0. 638 ***	
CHAIRIN	0. 081 ***	0. 071 ***	0. 364 ***	0. 311 ***	0. 394 ***

注：*、**和***分别表示10%、5%和1%的显著性水平。

二、主要回归结果

表6-3报告了OECC上投资者提出的分红相关问题数量（*LNQNUM*）和持消极态度的问题数量（*LNQNEG*）对公司未来分红支付水平的Tobit回归结果。结果表明，在控制了当前分红水平、盈利能力、公司特征、自由现金流、股票回报率和其他控制变量后，未来分红支付水平与网络业绩说明会期间与分红相关的问题或负面评论之间存在显著正相关关系。*LNQNUM*（*LNQNEG*）上的Tobit回归系数为正，在5%（1%）水平上显著。盈利能力（*ROA*）和股票回报率（*YRET*）都与未来的分红水平呈正相关。然而，自由现金流（*FCF*）与未来的分红水平没有显著关系。非国有（*SOE* = 0）、低杠杆（低 *LEV*）和价值型（低 *MTB*）公司支付更多的现金分红。

表6-3 投资者分红诉求的回归结果

变量	F1_LNDIV	F1_LNDIV
LNQNUM	**0. 458** ** **（2. 56）**	
LNQNEG		**0. 493** *** **（2. 88）**
LNDIV	0. 403 *** （14. 99）	0. 405 *** （15. 10）
ROA	47. 752 *** （14. 43）	47. 633 *** （14. 37）
SOE	−0. 861 ** （−2. 44）	−0. 876 ** （−2. 48）
FSHR	0. 029 *** （3. 41）	0. 029 *** （3. 48）
SIZE	0. 673 *** （3. 77）	0. 639 *** （3. 56）
LEV	−3. 295 *** （−3. 76）	−3. 206 *** （−3. 65）
MTB	−0. 420 *** （−5. 86）	−0. 420 *** （−5. 87）

续表

变量	F1_LNDIV	F1_LNDIV
YRET	0.552** (2.00)	0.572** (2.07)
FCF	1.023 (0.91)	0.946 (0.84)
BOARD	1.533** (1.99)	1.501* (1.95)
DUAL	0.284 (1.21)	0.265 (1.13)
OUT	−2.907 (−1.02)	−2.966 (−1.04)
HB	0.482 (0.30)	0.487 (0.31)
SEO	0.761*** (2.98)	0.766*** (3.00)
_CONS	−18.982*** (−4.02)	−18.071*** (−3.84)
SIGMA_CONS	7.726*** (45.14)	7.726*** (45.14)
Year/Industry FE	YES	YES
N	5355	5355
F	32.22***	31.55***
R^2_Pseudo	0.055	0.055

注：括号中报告了稳健的 t 统计量，＊、＊＊和＊＊＊分别表示 10%、5%和 1%的显著性水平。

以上基础模型结果表明，公司对投资者对当前分红政策的评论，特别是负面评论做出了回应，并提高了未来的分红支付水平。这一结果支持了我们的倾听投资者意见的预测，即公司在决策过程中考虑投资者的发声并对其做出回应。

表 6-4 给出了管理层积极参与网络业绩说明会与公司未来分红支付水平之间关系的实证检验结果。LNANS 仅计算（受制于对数变换）管理层对投资者提出的分红相关问题和评论的回复数量，而虚拟变量 CHAIRIN 确定是否是董事长，作为最终决策者，处理投资者分红相关的问题和评论。同样，公司未来分红支付水

平与 *LNANS* 和 *CHAIRIN* 均呈正相关，且两个系数在1%水平上显著。对于控制变量的系数，符号和含义与表6-3中的符号和含义一致。

表6-4 高管回应积极性的回归结果

变量	*F1_LNDIV*	*F1_LNDIV*
LNANS	**0.539 *****	
	(2.96)	
CHAIRIN		**0.727 *****
		(3.22)
LNDIV	0.401 ***	0.402 ***
	(14.92)	(15.00)
ROA	47.643 ***	47.664 ***
	(14.42)	(14.35)
SOE	−0.826 **	−0.807 **
	(−2.34)	(−2.28)
FSHR	0.028 ***	0.030 ***
	(3.37)	(3.57)
SIZE	0.692 ***	0.724 ***
	(3.89)	(4.03)
LEV	−3.331 ***	−3.395 ***
	(−3.80)	(−3.87)
MTB	−0.417 ***	−0.419 ***
	(−5.83)	(−5.84)
YRET	0.552 **	0.571 **
	(2.00)	(2.08)
FCF	1.040	1.115
	(0.92)	(0.99)
BOARD	1.527 **	1.570 **
	(1.99)	(2.05)
DUAL	0.286	0.171
	(1.21)	(0.73)
OUT	−2.892	−2.869
	(−1.02)	(−1.01)

变量	F1_LNDIV	F1_LNDIV
HB	0.467 (0.29)	0.704 (0.43)
SEO	0.761*** (2.98)	0.775*** (3.03)
_CONS	-19.333*** (-4.09)	-19.876*** (-4.18)
SIGMA_CONS	7.724*** (45.14)	7.724*** (45.15)
Year/Industry FE	YES	YES
N	5355	5355
F	32.20***	38.24***
R^2_Pseudo	0.055	0.055

注：括号中报告了稳健的 t 统计量，*、**和***分别表示 10%、5%和 1%的显著性水平。

综上所述，表 6-4 中的实证结果表明，公司越积极地口头回应投资者的意见，就越有可能通过行动解决投资者的意见，这与公司在分红政策方面听取投资者意见的预测是一致的。

第五节　稳健性检验

一、改变现金分红水平的度量方法

接下来，我们使用替代分红指标作为因变量。在表 6-5 的 Panel A 中，F1_DIVDM 是一个虚拟变量，如果一家公司在网络业绩说明会之后的一年内支付现金股利，则等于 1，我们使用 Probit 模型估计。在 Panel B 中用总资产去规模化，在 Panel C 中用年终留存收益去规模化。我们估计了 Tobit 模型，并在 Panel B 和

Panel C 中给出了结果。在 Panel D 中，因变量 $\Delta LNDIV$ 被定义为 $F1\_LNDIV$ 和 $LNDIV$ 的差值[1]。在所有四个 Panel 中，结果与我们的基准模型一致，这表明，当投资者积极质疑和批评公司当前的分红政策，以及公司管理层在电话会议上积极处理此类评论和批评时，公司更有可能通过行动加以回应。

表 6-5　使用分红政策的替代指标

Panel A：下一年度是否有股利支付作为因变量			
变量	$F1\_DIVDM$	$F1\_DIVDM$	$F1\_DIVDM$	$F1\_DIVDM$
$LNQNUM$	0.066 * (1.91)			
$LNQNEG$		0.089 ** (2.50)		
$LNANS$			0.077 ** (2.23)	
$CHAIRIN$				0.119 *** (2.69)
$DIVDM$	0.810 *** (14.11)	0.816 *** (14.21)	0.806 *** (14.03)	0.807 *** (14.06)
Other Controls/Year FE/ Industry FE	YES	YES	YES	YES
N	5346	5346	5346	5346
Chi^2	967.41 ***	966.88 ***	970.07 ***	959.92 ***
R^2_Pseudo	0.229	0.229	0.229	0.229
Panel B：用总资产去规模化的分红作为因变量			
变量	$F1\_DIVASS$	$F1\_DIVASS$	$F1\_DIVASS$	$F1\_DIVASS$
$LNQNUM$	0.001 *** (2.91)			
$LNQNEG$		0.001 ** (2.55)		
$LNANS$			0.001 *** (3.42)	

---

① 我们使用分红支付比率的变化作为因变量，结论是不变的，表格备索。

续表

Panel B：用总资产去规模化的分红作为因变量

变量	F1_DIVASS	F1_DIVASS	F1_DIVASS	F1_DIVASS
CHAIRIN				0.002*** (4.16)
DIVASS	0.505*** (19.47)	0.507*** (19.54)	0.505*** (19.47)	0.505*** (19.48)
Other Controls/Year FE/ Industry FE	YES	YES	YES	YES
N	5355	5355	5355	5355
F	52.21***	52.62***	52.25***	52.65***
R²_Pseudo	−0.207	−0.207	−0.207	−0.208

Panel C：用年终留存收益去规模化的分红作为因变量

变量	F1_DIVUNDISPRF	F1_DIVUNDISPRF	F1_DIVUNDISPRF	F1_DIVUNDISPRF
LNQNUM	0.006*** (2.61)			
LNQNEG		0.006*** (2.64)		
LNANS			0.005** (2.33)	
CHAIRIN				0.008*** (2.99)
DIVUNDISPRF	0.549*** (21.79)	0.551*** (21.95)	0.549*** (21.77)	0.550*** (21.94)
Other Controls/Year FE/ Industry FE	YES	YES	YES	YES
N	5093	5093	5093	5093
F	29.80***	29.82***	29.64***	29.92***
R²_Pseudo	−0.656	−0.656	−0.655	−0.656

Panel D：将分红对数的变动作为因变量

变量	ΔLNDIV	ΔLNDIV	ΔLNDIV	ΔLNDIV
LNQNUM	0.355** (2.57)			
LNQNEG		0.382*** (2.85)		

续表

Panel D：将分红对数的变动作为因变量			
变量	$\Delta LNDIV$	$\Delta LNDIV$	$\Delta LNDIV$	$\Delta LNDIV$
LNANS			**0. 418***** （**2. 98**）	
CHAIRIN				**0. 549***** （**3. 15**）
LNDIV	−0. 698*** （−35. 83）	−0. 696*** （−35. 80）	−0. 699*** （−35. 87）	−0. 698*** （−35. 90）
Other Controls/Year FE/ Industry FE	YES	YES	YES	YES
N	5355	5355	5355	5355
F	33. 93***	33. 91***	34. 04***	35. 88***
R^2_adj	0. 311	0. 311	0. 311	0. 311

注：括号中报告了稳健的 t 统计量，*、**和***分别表示 10%、5% 和 1% 的显著性水平。

二、使用网络业绩说明会问答的替代指标

然后，在表6-6 中，我们使用 OECC 的替代指标作为因变量，包括 QDIVPCT（所有问题中分红相关问题的比例）、QNEGPCT（所有分红相关问题中消极分红相关问题的比例）、QNEGPCT1（所有问题中消极分红相关问题的比例）和 RSP-PCT（所有回答问题的比例）。Panel A 报告了汇总统计数据，显示分红问题（QDIVPCT）的平均（最小值/最大值）比例为 5.1%（0%/18.2%），标准差为 3.6%。消极分红问题（QNEGPCT）的平均（最小值/最大值）比例为 31.5%（0%/100%），标准差为 32.9%，平均问题回复率为 84.2%。Panel B 报告了 Tobit 估计结果，结果保持不变，表明投资者提出的分红相关和消极问题的比例越高，回复率越高，公司更有可能在未来支付更多的分红。

表 6-6　使用网络业绩说明会问答的替代指标

Panel A：描述性统计

VARIABLE	N	MEAN	SD	MIN	P50	MAX
QDIVPCT	5355	0.051	0.036	0	0.046	0.182
QNEGPCT	5355	0.315	0.329	0	0.250	1
QNEGPCT1	5355	0.018	0.023	0	0.014	0.116
RSPPCT	5355	0.842	0.320	0	1	1

Panel B：分红问题的替代衡量

变量	F1_LNDIV	F1_LNDIV	F1_LNDIV	F1_LNDIV
QDIVPCT	8.946 *** (2.89)			
QNEGPCT		0.673 ** (2.01)		
QNEGPCT1			14.969 *** (3.38)	
RSPPCT				0.844 ** (2.31)
LNDIV	0.401 *** (14.95)	0.406 *** (15.14)	0.404 *** (15.08)	0.402 *** (14.90)
Other Controls/Year FE/ Industry FE	YES	YES	YES	YES
N	5355	5355	5355	5355
F	31.86 ***	32.70 ***	32.13 ***	34.00 ***
R^2_Pseudo	0.055	0.055	0.055	0.055

注：括号中报告了稳健的 t 统计量，＊、＊＊和＊＊＊分别表示 10%、5% 和 1% 的显著性水平。

三、删除自愿性业绩说明会观测

一些公司，如万科在我们的样本期内自愿召开网络业绩说明会。一个可替代性的解释是，假设自愿召开业绩说明会的公司更容易被投资者访问，这种更好的可访问性表明更少的代理问题（Firth et al.，2019），这些公司治理更好，并支付更高的分红。因此，本章通过剔除这些自愿召开的公司年度观测来进行稳健性检验。在 5355 个样本量中，我们确定了 115 个自愿召开网络业绩说明会的观测。如果公司在主板上市（不受中小企业和创业板的强制性规则约束），并且当地证监会分支机构不组织集体业绩说明会（不受监管机构的半强制性政治压力），我们将业绩说明会归类为自愿性的。表 6-7 报告了新样本的回归结果，结果未变。

表 6-7 稳健性检验：删除自愿性 OECC 观测

变量	F1_LNDIV	F1_LNDIV	F1_LNDIV	F1_LNDIV
LNQNUM	0.418** (2.30)			
LNQNEG		0.514*** (2.96)		
LNANS			0.493*** (2.68)	
CHAIRIN				0.686*** (3.03)
LNDIV	0.388*** (14.31)	0.390*** (14.42)	0.386*** (14.25)	0.387*** (14.31)
Other Controls/Year FE/ Industry FE	YES	YES	YES	YES
N	5240	5240	5240	5240
R^2_Pseudo	0.053	0.054	0.054	0.054

注：括号中报告了稳健的 t 统计量，*、**和***分别表示 10%、5%和 1%的显著性水平。

四、安慰剂检验

在表 6-8 中，我们展示了本章的安慰剂测试，以排除对结果的替代解释。分红的增加可能是为了应对投资者的普遍关注或股东客户的变化。我们将自变量替换为非分红相关问题数（OTHERQ）和总问题数（ALLQ）的对数变换。安慰剂测试表明，这两个变量都与未来的分红支付没有正相关关系。

表 6-8　安慰剂检验

变量	F1_LNDIV	F1_LNDIV
OTHERQ	−0.500 * (−1.81)	
ALLQ		−0.441 (−1.58)
LNDIV	0.403 *** (15.02)	0.403 *** (15.03)
Other Controls/Year FE/Industry FE	YES	YES
N	5355	5355
F	32.08 ***	32.30 ***
R² _ Pseudo	0.055	0.055

注：括号中报告了稳健的 t 统计量，＊、＊＊和＊＊＊分别表示 10%、5% 和 1% 的显著性水平。

五、内生性检验

一些被忽略的变量可能推动投资者对分红的需求和公司的分红政策。例如，公司宣布了规定的分红政策（比如，规定的派息率，或承诺稳定或提高分红派息率），而这种规定的分红政策可促使投资者提出与分红相关的问题，同时增加未来的分红支付。我们采取以下步骤来缓解潜在的内生性问题。

首先，我们进行了 2SLS 分析，其中网络业绩说明会的问答指标（基准模型中的自变量）使用网络业绩说明会是否被集体召开作为工具变量。这一工具变量背后的逻辑如下：有时网络业绩说明会是集体召开的，即同一地区的公司应邀加入并同时召开业绩说明会。由于投资者的关注有限，这种安排大大减少了网络业绩说明会期间提出的问题数量。同时，一家公司是否加入集体网络业绩说明会不太可能与其随后的股利政策有直接关系。因此，我们的工具变量选取是合理的。表 6-9 显示的结果并未改变本章的主要推论。

表 6-9 内生性检验

变量	(1)		(2)		(3)		(4)	
	LNQNUM	*F1_LNDIV*	*LNQNEG*	*F1_LNDIV*	*LNANS*	*F1_LNDIV*	*CHAIRIN*	*F1_LNDIV*
IV	−0.082* (−1.86)		−0.154*** (−3.57)		−0.199*** (−4.64)		−0.253*** (−8.54)	
LNQNUM		**20.232*** **(1.75)**						
LNQNEG				**10.805*** **(2.80)**				
LNANS						**8.358*** **(3.41)**		
CHAIRIN								**6.573*** **(4.06)**
LNDIV	0.004*** (2.64)	0.206*** (3.28)	−0.002 (−1.07)	0.309*** (12.21)	0.006*** (3.92)	0.239*** (8.40)	0.002* (1.77)	0.277*** (12.85)
Other Controls/ *Year FE/* *Industry FE*	YES	YES	YES	YES	YES	YES	YES	YES
N	5355	5355	5355	5355	5355	5355	5355	5355
F		8.21		21.45		27.82		39.74

注：括号中报告了稳健的 t 统计量，＊、＊＊和＊＊＊分别表示 10%、5% 和 1% 的显著性水平。

六、排除分红承诺政策的影响

然后，我们使用公司是否有分红承诺计划这个条件对模型进行回归。通过关键词"分红计划"搜索公司文件，并手动识别 1696 个公司年度的规定分红承诺计划。表 6-10 中的结果显示，在有和没有规定分红承诺计划的公司年度的两个子样本中，我们的推论都没有变化，这表明我们的结果不太可能受到另一种解释的驱动，即规定的分红政策可以促使投资者提出与分红相关的问题，同时增加随后的分红支付①。

表 6-10　排除分红承诺政策的影响

变量	(1) *COMMIT*=0 *F1_LNDIV*	(2) *COMMIT*=1 *F1_LNDIV*	(3) *COMMIT*=0 *F1_LNDIV*	(4) *COMMIT*=1 *F1_LNDIV*	(5) *COMMIT*=0 *F1_LNDIV*	(6) *COMMIT*=1 *F1_LNDIV*	(7) *COMMIT*=0 *F1_LNDIV*	(8) *COMMIT*=1 *F1_LNDIV*
LNQNUM	**0.374**[*] **(1.78)**	**0.751**^{**} **(2.30)**						
LNQNEG			**0.381**[*] **(1.86)**	**0.859**^{***} **(2.87)**				
LNANS					**0.446**^{**} **(2.10)**	**0.805**^{**} **(2.44)**		
CHAIRIN							**1.059**^{***} **(4.00)**	0.024 (0.06)
LNDIV	0.375*** (11.54)	0.442*** (9.49)	0.378*** (11.63)	0.445*** (9.57)	0.374*** (11.49)	0.441*** (9.45)	0.372*** (11.49)	0.444*** (9.51)
Other Controls/ *Year FE/* *Industry FE*	YES	YES	YES	YES	YES	YES	YES	YES
N	3659	1696	3659	1696	3659	1696	3659	1696
F	28.82***	19.35***	28.14***	19.46***	29.36***	19.34***	28.07***	19.45***
R^2_Pseudo	0.055	0.061	0.055	0.061	0.055	0.061	0.055	0.060
Significance level *of differences*	NO		NO		NO		5%	

注：括号中报告了稳健的 t 统计量，＊、＊＊和＊＊＊分别表示 10%、5% 和 1% 的显著性水平。

---

① 参照 He 和 Li（2018），我们定义了一个虚拟变量 *ABOVE*30，如果公司的股息支付率不低于 30%，该值取 1，否则为 0。我们预计，非合规方（支付比率低于 30% 阈值的公司年份）更有可能修订其当前的股息计划（如果存在），以服从"遵守或解释股息规定"，从而增加股息。我们还使用过去五年的移动平均股息支付率（*MEAN*5_*DIVPOUT*）代表公司的原始股息支付计划。在未列出的表格中，当我们将 *ABOVE*30 或 *MEAN*5_*DIVPOUT* 纳入控制变量时，基本结果不变。

第六节　进一步分析

接下来，我们将展示横截面分析结果用以检查哪些条件下公司对投资者发声的响应更强，为公司响应能力的驱动力提供启示[①]。

一、来自同行的压力

当同行公司支付更多分红时，投资者对公司当前分红政策表示不满的评论会给公司管理层带来压力。如果管理层对投资者发声的响应是由这种压力驱动的，我们预计在网络业绩说明会期间投资者对分红的评论与公司未来分红支付之间的正相关关系可能集中在公司管理者受到更多同行压力的子样本中。

我们根据上市公司当前分红水平是否高于（低于）当年的行业中位数来划分样本。当一家公司支付的分红相对低于同行时，投资者的批评会给管理层带来压力。表 6-11 Panel A 描述了基于分组子样本的表 6-3 和表 6-4 中四个模型的 Tobit 估计值。第（1）列、第（3）列、第（5）列和第（7）列显示低于行业中位数的子样本组的估计结果，第（2）列、第（4）列、第（6）列和第（8）列显示高于行业中位数的子样本组的估计结果。从投资者的角度来看，投资者对分红政策的发声与未来分红之间的正相关关系在公司当前分红水平低于行业中位数的子样本中更显著。具体而言，对于分红低于行业分红中位数的公司，未来分红支付对 *LNQNUM* 和 *LNQNEG* 的回归系数为 1.010（t＝3.43）和 1.049（t＝3.56），两者

①　我们根据分红问题数量、消极分红问题数量、董事长是否参与以及高级管理层参与人数，对分红问题回答率进行了 Tobit 回归，其他控制变量与主回归模型相同。结果是，与分红相关的问题越多，董事长参与，高管参与越多，分红问题回答率越高，而消极股息问题越多，回答率越低，这些均符合预期。我们还将公司管理者对分红诉求的回复作为横截面测试，将样本划分为高管是否完全（100%）回答了分红问题两组子样本。回归结果是，未来股利支付与分红问题数量、消极分红问题数量和分红问题回复数量以及董事长参与之间呈正相关关系，且主要在高回复率组。

均在1%水平上显著。而对于分红水平高于行业中位数的公司来说，这两个系数均为正，但不显著。关于网络业绩说明会期间管理层的积极性，横截面分析显示了类似的模式。未来分红政策与管理层反应（*LNANS*）、董事长参与（*CHAIRIN*）之间的正相关关系在分红较低公司的子样本中显著，t统计量分别为3.53、3.70，均在1%水平上显著，但对于 *LNANS* 或 *CHAIRIN* 来说，与同行相比，在支付更多分红的子样本组中，这种正相关性并不显著。

表6-11　横截面分析：同行压力

	Panel A：基于公司支付的分红是否高于行业中值划分样本							
变量	(1) Below *F1_LNDIV*	(2) Above *F1_LNDIV*	(3) Below *F1_LNDIV*	(4) Above *F1_LNDIV*	(5) Below *F1_LNDIV*	(6) Above *F1_LNDIV*	(7) Below *F1_LNDIV*	(8) Above *F1_LNDIV*
LNQNUM	**1.010*** **(3.43)**	0.084 (0.38)						
LNQNEG			**1.049*** **(3.56)**	0.135 (0.66)				
LNANS					**1.085*** **(3.53)**	0.150 (0.67)		
CHAIRIN							**1.462*** **(3.70)**	0.238 (0.88)
LNDIV	0.376*** (10.79)	0.534*** (9.00)	0.381*** (10.91)	0.534*** (9.01)	0.374*** (10.74)	0.533*** (8.97)	0.375*** (10.78)	0.534*** (9.02)
Other Controls/ *Year FE/* *Industry FE*	YES	YES	YES	YES	YES	YES	YES	YES
N	2250	3105	2250	3105	2250	3105	2250	3105
R^2_Pseudo	0.054	0.059	0.054	0.059	0.054	0.059	0.054	0.059
Significance level of *differences for X*	*X：LNQNUM* 5%		*X：LNQNEG* 5%		*X：LNANS* 5%		*X：CHAIRIN* 5%	
	Panel B：基于公司是否比上一年增加分红支付划分样本							
变量	(1) Δ≤0 *F1_LNDIV*	(2) Δ>0 *F1_LNDIV*	(3) Δ≤0 *F1_LNDIV*	(4) Δ>0 *F1_LNDIV*	(5) Δ≤0 *F1_LNDIV*	(6) Δ>0 *F1_LNDIV*	(7) Δ≤0 *F1_LNDIV*	(8) Δ>0 *F1_LNDIV*
LNQNUM	**0.614**** **(2.42)**	0.198 (0.85)						

续表

Panel B：基于公司是否比上一年增加分红支付划分样本

变量	(1) Δ≤0 F1_LNDIV	(2) Δ>0 F1_LNDIV	(3) Δ≤0 F1_LNDIV	(4) Δ>0 F1_LNDIV	(5) Δ≤0 F1_LNDIV	(6) Δ>0 F1_LNDIV	(7) Δ≤0 F1_LNDIV	(8) Δ>0 F1_LNDIV
LNQNEG			**0.784*** ** (3.03)**	0.118 (0.53)				
LNANS					**0.651** ** (2.50)**	0.336 (1.38)		
CHAIRIN							**1.189*** ** (3.49)**	0.073 (0.25)
LNDIV	0.414*** (13.80)	0.576** (2.24)	0.418*** (13.89)	0.584** (2.26)	0.413*** (13.73)	0.568** (2.21)	0.414*** (13.79)	0.585** (2.27)
Other Controls/ Year FE/ Industry FE	YES	YES	YES	YES	YES	YES	YES	YES
N	3184	2171	3184	2171	3184	2171	3184	2171
R²_Pseudo	0.064	0.023	0.064	0.023	0.064	0.023	0.064	0.023
Significance level of differences	NO		10%		NO		5%	

Panel C：基于本年度有无支付分红划分样本

变量	Payers F1_LNDIV	Non-payers F1_LNDIV	Payers F1_LNDIV	Non-payers F1_LNDIV	Payers F1_LNDIV	Non-payers F1_LNDIV	Payers F1_LNDIV	Non-payers F1_LNDIV
LNQNUM	0.149 (0.90)	**1.718** ** (2.00)**						
LNQNEG			0.205 (1.29)	**1.684* (1.89)**				
LNANS					0.209 (1.24)	**1.718** ** (2.04)**		
CHAIRIN							0.219 (1.05)	**3.575*** ** (3.16)**
LNDIV	0.741*** (4.30)		0.745*** (4.33)		0.738*** (4.28)		0.745*** (4.32)	
Other Controls/ Year FE/ Industry FE	YES	YES	YES	YES	YES	YES	YES	YES

续表

	Panel C：基于本年度有无支付分红划分样本							
变量	Payers F1_LNDIV	Non-payers F1_LNDIV	Payers F1_LNDIV	Non-payers F1_LNDIV	Payers F1_LNDIV	Non-payers F1_LNDIV	Payers F1_LNDIV	Non-payers F1_LNDIV
N	4263	1092	4263	1092	4263	1092	4263	1092
R^2_Pseudo	0.020	0.055	0.020	0.055	0.020	0.055	0.020	0.056
Significance level of differences	10%		NO		10%		1%	

注：括号中报告了稳健的 t 统计量，*、** 和 *** 分别表示 10%、5% 和 1% 的显著性水平。

在表 6-11 Panel B 中，我们根据公司相对于上一年的分红增长对样本进行划分。在第（1）列、第（3）列、第（5）列和第（7）列［第（2）列、第（4）列、第（6）列和第（8）列］中，列示了基于公司是否增加当年分红支付的结果。我们预计，分红增加的公司在网络业绩说明会的分红政策面临的压力较小。结果显示，未来分红对投资者发声代理指标（*LNQNUM*、*LNQNEG*、*LNANS* 和 *CHAIRIN*）的回归系数仅对不增加分红的公司有显著意义。

在表 6-11 Panel C 中，我们根据本年度的派息政策将样本划分为分红支付者和非分红支付者[①]。在第（1）列、第（3）列、第（5）列和第（7）列［第（2）列、第（4）列、第（6）列和第（8）列］中，列示了基于本年度有（无）分红支付的公司的估计结果。我们预计，有分红的公司在网络业绩说明会的分红政策方面面临的压力较小。结果显示，未来分红对投资者发声代理指标（*LNQNUM*、*LNQNEG*、*LNANS* 和 *CHAIRIN*）的回归系数仅对本年度未支付分红的公司具有显著意义。

以上这些结果证实了我们的预测，表明当存在有关分红支付的同行压力时，公司更有可能回应投资者的诉求。

---

① 我们尝试根据审稿人的建议，在整个样本期内根据股息支付历史划分样本。然而，在我们的样本中，几乎所有公司都在某些年份支付现金股利，只有 9 家公司年度观察值在样本期间从未支付股利，因此不可能进行相应的横截面分析。

二、来自市场的压力

下一步，我们试图确定管理者面临更大市场压力会带来什么后果。同样，如果市场迫使管理层对投资者的发声做出反应，投资者发声和公司未来分红之间的正相关关系应该更多地集中在管理层承受更大市场压力的公司。

我们使用以下标准将样本分为高低市场压力两组。首先，我们关注一家公司是否发布了关于盈利的好消息或坏消息，用盈利公告日前后 3 天累计异常回报率（CAR）来表示。要注意的是，业绩说明会通常在年度盈利公告后的 15 天内召开，因此当有关于盈利的坏消息时，管理者在处理投资者的发声时会更加小心，因为他们更有可能生气。其次，当一家公司的控股股东拥有未偿还的股权质押贷款时，他会面临追加保证金的风险（Dou et al.，2019；DeJong et al.，2020），因此更害怕股价下跌。我们基于公司的控股股东是否有股权质押来划分样本。最后，当股票具有较高的流动性时，较低的交易成本有利于大宗持有人和小投资者的进入和退出（Fang et al.，2014）。股东容易退出的能力通常具有惩戒作用，这是因为当退出容易时，退出威胁会增加（Dou et al.，2018）。因此，我们基于公司股票的交易换手率对样本进行划分，并预计当股票换手率即流动性较高时，公司管理层将面临更大的市场压力。

我们用分组子样本对表 6-3 和表 6-4 中的四个模型进行 Tobit 估计。如果市场压力促使公司管理层对投资者的诉求做出反应，我们预计正相关关系将集中在面临更大市场压力公司的子样本中。表 6-12 列示了回归结果。在 Panel A 中，未来分红支付与投资者诉求/管理层积极性之间的正相关关系仅在坏盈利消息的子样本中显著，t 值从 2.98 到 3.81。在 Panel B 和 Panel C 中，结果表明，四个自变量的系数仅在控股股东股权质押的公司和股票交易换手率较高的公司的子样本中显著，t 值分别在 1.88~3.30 和 2.38~3.68。对于所有低市场压力组，未来分红支付对投资者诉求的四个代理指标的回归系数均不显著，t 值的范围从-0.43 到 1.60。

总的来说，公司对投资者的声音做出反应，在市场压力较高的情况下增加未来分红，这意味着这种反应至少部分是由市场压力驱动的。

表6-12　横截面分析：市场压力

Panel A：基于盈利好或坏消息（用CAR［-1，1］来衡量）划分样本

变量	(1)CAR [-1, 1]≤0 F1_LNDIV	(2)CAR [-1, 1]>0 F1_LNDIV	(3)CAR [-1, 1]≤0 F1_LNDIV	(4)CAR [-1, 1]>0 F1_LNDIV	(5)CAR [-1, 1]≤0 F1_LNDIV	(6)CAR [-1, 1]>0 F1_LNDIV	(7)CAR [-1, 1]≤0 F1_LNDIV	(8)CAR [-1, 1]>0 F1_LNDIV
LNQNUM	0.897*** (3.74)	-0.119 (-0.43)						
LNQNEG			0.752*** (3.45)	0.127 (0.45)				
LNANS					0.946*** (3.81)	0.017 (0.06)		
CHAIRIN							0.924*** (2.98)	0.485 (1.43)
LNDIV	0.375*** (10.69)	0.438*** (11.42)	0.378*** (10.73)	0.437*** (11.41)	0.373*** (10.61)	0.437*** (11.36)	0.374*** (10.60)	0.435*** (11.34)
Other Controls/ Year FE/ Industry FE	YES	YES	YES	YES	YES	YES	YES	YES
N	2874	2481	2874	2481	2874	2481	2874	2481
R^2_Pseudo	0.052	0.061	0.052	0.061	0.053	0.061	0.052	0.062
Significance level of differences	1%		10%		5%		NO	

Panel B：基于公司控股股东是否有股权质押（PLD）划分样本

变量	(1) PLD=0 F1_LNDIV	(2) PLD=1 F1_LNDIV	(3) PLD=0 F1_LNDIV	(4) PLD=1 F1_LNDIV	(5) PLD=0 F1_LNDIV	(6) PLD=1 F1_LNDIV	(7) PLD=0 F1_LNDIV	(8) PLD=1 F1_LNDIV
LNQNUM	0.366 (1.60)	0.502* (1.88)						
LNQNEG			0.253 (1.13)	0.691*** (2.64)				
LNANS					0.337 (1.41)	0.664** (2.51)		
CHAIRIN							0.342 (1.07)	1.022*** (3.30)
LNDIV	0.394*** (9.99)	0.391*** (10.93)	0.396*** (10.02)	0.394*** (11.03)	0.394*** (9.97)	0.388*** (10.88)	0.394*** (10.00)	0.390*** (10.92)

续表

Panel B：基于公司控股股东是否有股权质押（PLD）划分样本							
	(1)	(2)	(3)	(4)	(5)	(6)	(7)	(8)
变量	PLD=0	PLD=1	PLD=0	PLD=1	PLD=0	PLD=1	PLD=0	PLD=1
	F1_LNDIV	F1_LNDIV	F1_LNDIV	F1_LNDIV	F1_LNDIV	F1_LNDIV	F1_LNDIV	F1_LNDIV
Other Controls/ Year FE/ Industry FE	YES	YES	YES	YES	YES	YES	YES	YES
N	2303	3052	2303	3052	2303	3052	2303	3052
R^2_Pseudo	0.057	0.056	0.057	0.056	0.057	0.056	0.057	0.057
Significance level of differences	NO		NO		NO		NO	

Panel C：基于股票交易换手率（Turnover）划分样本							
换手率	LOW	HIGH	LOW	HIGH	LOW	HIGH	LOW	HIGH
	F1_LNDIV	F1_LNDIV	F1_LNDIV	F1_LNDIV	F1_LNDIV	F1_LNDIV	F1_LNDIV	F1_LNDIV
	b/t	b/t	b/t	b/t	b/t	b/t	b/t	b/t
LNQNUM	0.267 (0.99)	**0.556**** **(2.38)**						
LNQNEG			0.247 (0.94)	**0.642***** **(2.77)**				
LNANS					0.379 (1.43)	**0.641***** **(2.67)**		
CHAIRIN							0.138 (0.39)	**1.092***** **(3.68)**
LNDIV	0.375*** (8.75)	0.414*** (12.43)	0.376*** (8.77)	0.418*** (12.52)	0.373*** (8.70)	0.412*** (12.37)	0.375*** (8.78)	0.417*** (12.51)
Other Controls/ Year FE/ Industry FE	YES	YES	YES	YES	YES	YES	YES	YES
N	2019	3311	2019	3311	2019	3311	2019	3311
R^2_Pseudo	0.057	0.055	0.057	0.055	0.057	0.056	0.057	0.056
Significance level of differences	NO		NO		NO		5%	

注：括号中报告了稳健的 t 统计量，*、** 和 *** 分别表示 10%、5% 和 1% 的显著性水平。

三、来自监管者的压力

在中国，公司股利政策很大程度上取决于监管机构，因此，我们研究监管审查是否是公司对投资者发声做出反应的驱动力。我们预计，政治关联将放松监管审查，而没有政治关联的公司将受到更多的监管监督。我们聚焦于政治关联的两个方面，分别将样本划分为两组：①公司董事长是否具有相关政治背景；②公司实际上是否是为国有企业。我们预计，董事长没有相关政治背景的公司和不受政府控制的公司将受到更多的监管监督。如果来自监管机构的压力是公司对投资者诉求做出反应的驱动力，我们预计结果将集中在这两个子样本中。

结果如表6-13所示。除样本分组外，自变量、因变量和控制变量与表6-3和表6-4中的变量相同。结果表明，对于没有政治关联和非国有企业的子样本，公司未来分红对投资者诉求的所有四个代理指标的回归系数均为正且显著，t值范围为1.80~3.25。对于有政治关联或国有企业的子样本，除自变量 *CHAIRIN* 之外，公司未来分红对投资者诉求的其他回归系数均与零无显著差异。

表6-13　横截面分析：监管压力

	Panel A：董事长是否有政治背景							
变量	*PC=0* *F1_LNDIV*	*PC=1* *F1_LNDIV*	*PC=0* *F1_LNDIV*	*PC=1* *F1_LNDIV*	*PC=0* *F1_LNDIV*	*PC=1* *F1_LNDIV*	*PC=0* *F1_LNDIV*	*PC=1* *F1_LNDIV*
LNQNUM	**0.623***** **(2.74)**	0.117 (0.40)						
LNQNEG			**0.575***** **(2.69)**	0.309 (1.10)				
LNANS					**0.654***** **(2.87)**	0.261 (0.85)		
CHAIRIN							**0.502*** **(1.80)**	**1.121***** **(2.86)**
LNDIV	0.392*** (11.99)	0.408*** (8.58)	0.395*** (12.10)	0.409*** (8.60)	0.390*** (11.92)	0.407*** (8.56)	0.392*** (12.00)	0.406*** (8.61)

续表

Panel A：董事长是否有政治背景							
变量	PC=0 F1_LNDIV	PC=1 F1_LNDIV	PC=0 F1_LNDIV	PC=1 F1_LNDIV	PC=0 F1_LNDIV	PC=1 F1_LNDIV	PC=0 F1_LNDIV	PC=1 F1_LNDIV
Other Controls/ *Year FE/* *Industry FE*	YES	YES	YES	YES	YES	YES	YES	YES
N	3501	1854	3501	1854	3501	1854	3501	1854
R^2_Pseudo	0.057	0.057	0.057	0.057	0.057	0.057	0.057	0.057
Significance level *of differences*	NO		NO		NO		NO	

Panel B：企业产权性质为国有或非国有							
变量	Non-SOE F1_LNDIV	SOE F1_LNDIV	Non-SOE F1_LNDIV	SOE F1_LNDIV	Non-SOE F1_LNDIV	SOE F1_LNDIV	Non-SOE F1_LNDIV	SOE F1_LNDIV
LNQNUM	**0.383**[*] **(1.90)**	0.650 (1.63)						
LNQNEG			**0.552***** **(2.97)**	0.381 (0.92)				
LNANS					**0.470**** **(2.31)**	0.654 (1.59)		
CHAIRIN							**0.778***** **(3.25)**	0.527 (0.87)
LNDIV	0.381*** (12.44)	0.436*** (7.51)	0.383*** (12.52)	0.440*** (7.58)	0.380*** (12.42)	0.433*** (7.44)	0.381*** (12.46)	0.436*** (7.51)
Other Controls/ *Year FE/* *Industry FE*	YES	YES	YES	YES	YES	YES	YES	YES
N	4222	1133	4222	1133	4222	1133	4222	1133
R^2_Pseudo	0.051	0.073	0.051	0.072	0.051	0.073	0.051	0.072
Significance level *of differences*	NO		NO		NO		NO	

注：括号中报告了稳健的 t 统计量，＊、＊＊和＊＊＊分别表示 10%、5%和 1%的显著性水平。

综上所述，我们的结果表明，监管压力也促使公司倾听投资者关于公司分红政策的声音。

四、投资者的发声成本

在本节中，我们测试管理层对投资者分红诉求的回应是否会同时影响公司的其他决策。在短期压力下，短视的公司很有可能通过削减提升价值的投资来增加分红支付以迎合投资者。我们通过公司未来创新（以 1 加上随后三年中授予的专利平均数量取自然对数来衡量）对投资者在网络业绩说明会期间与分红相关的诉求的回归来测试这一点。在表 6-14 Panel A 中，结果显示未来创新与分红相关诉求之间存在显著负相关关系，与上述推测一致。

表 6-14　投资者对企业创新的发声成本

Panel A：公司未来创新与投资者分红诉求之间的关系

变量	(1) *INNOV*	(2) *INNOV*	(3) *INNOV*	(4) *INNOV*
LNQNUM	-0.085 *** (-2.92)			
LNQNEG		-0.045 (-1.41)		
LNANS			-0.070 ** (-2.34)	
CHAIRIN				-0.083 ** (-2.11)
Other Controls/Year FE/ Industry FE	YES	YES	YES	YES
N	5355	5355	5355	5355
R^2_Pseudo	0.128	0.127	0.128	0.127

Panel B：基于公司是否在 *t*+1 年比 *t* 年增加分红支付划分样本

变量	(1) $\Delta LNDIV>0$ *INNOV*	(2) $\Delta LNDIV\leqslant0$ *INNOV*	(3) $\Delta LNDIV>0$ *INNOV*	(4) $\Delta LNDIV\leqslant0$ *INNOV*	(5) $\Delta LNDIV>0$ *INNOV*	(6) $\Delta LNDIV\leqslant0$ *INNOV*	(7) $\Delta LNDIV>0$ *INNOV*	(8) $\Delta LNDIV\leqslant0$ *INNOV*
LNQNUM	-0.036 (-0.97)	-0.123 *** (-3.33)						
LNQNEG			-0.023 (-0.56)	-0.066 (-1.64)				

续表

	(1)	(2)	(3)	(4)	(5)	(6)	(7)	(8)
	$\Delta LNDIV>0$	$\Delta LNDIV\leqslant0$	$\Delta LNDIV>0$	$\Delta LNDIV\leqslant0$	$\Delta LNDIV>0$	$\Delta LNDIV\leqslant0$	$\Delta LNDIV>0$	$\Delta LNDIV\leqslant0$
变量	INNOV	INNOV	INNOV	INNOV	INNOV	INNOV	INNOV	INNOV
LNANS					−0.030 (−0.79)	−0.101*** (−2.70)		
CHAIRIN							−0.075 (−1.48)	−0.105** (−2.23)
Other Controls/ Year FE/ Industry FE	YES	YES	YES	YES	YES	YES	YES	YES
N	2256	3099	2256	3099	2256	3099	2256	3099
R²_adj	0.128	0.134	0.128	0.133	0.128	0.133	0.128	0.133
Significance level of differences	10%		NO		NO		NO	

Panel B：基于公司是否在 $t+1$ 年比 t 年增加分红支付划分样本

注：括号中报告了稳健的 t 统计量，*、**和***分别表示10%、5%和1%的显著性水平。

接下来，正如 Ang 等（2021）所述，社交媒体在公司治理中发挥作用是因为它能够聚合群体智慧并揭示管理者未知的价值相关的信息，以此类推，听取投资者意见的公司不应该比那些无视投资者诉求的公司做出更糟糕的决策。我们根据公司是否在 $t+1$ 年内比 t 年增加现金股利来划分样本。在表6-14 Panel B 中，我们列示了横截面分析结果，表明公司未来创新与分红相关诉求的负相关关系不是由对投资者诉求做出反应来驱动的，这表明因为投资者的声音增加支出并不以削减用以提升价值的投资为代价。

综上所述，我们对分红增加的研究发现表明，社交媒体赋予投资者的话语权会影响公司的派息政策。

第七节 结论与启示

本章使用中国上市公司网络业绩说明会的数据来研究投资者的发声是否会影响公司政策，结果表明，公司确实会以增加未来分红来回应投资者对分红政策的批评。在各种稳健性检查中，结果保持不变。进一步地，我们发现，本章的上述发现集中在面临来自同行、市场和监管机构更大压力的公司。公司对投资者的以增加分红的回应并不以削减其他增值投资为代价。

对投资者而言，与公司管理层的沟通往往成本高昂。越来越多的文献表明，在线互动平台已成为公司信息披露过程的重要组成部分，并且正在重塑金融市场的信息披露和治理的格局（Miller and Skinner，2015；Cade，2018；Elliott et al.，2019；Ang et al.，2021），股东的声音获得了更多的关注，变得比以往任何时候都更加重要。本章的研究结果表明，通过在线互动平台，股东可以经济高效地公开表达他们的担忧，从而通过影响公司行为发挥积极的治理作用，这意味着新兴技术有助于增强股东的发声，促进投资者与公司之间的具有较为有效的成本-效益下的沟通，以传达股东的观点和偏好，从而促进公司决策与行为发生变化。

在投资者保护相对较弱的新兴市场，制度环境的不完善和金融市场的相对不发达阻碍了新兴市场投资者参与公司治理。投资者群体无法形成强大的治理力量，可能不得不依赖监管当局。我们对监管机构发起的、投资者参与的网络业绩说明会的研究促进了投资者和公司之间的沟通，有助于学者和从业人员了解新兴市场中政府协助的股东积极主义和投资者保护。

参考文献

［1］ Abernathy J L, Guo F, Kubick T R, Masli A. Financial Statement Footnote Readability and Corporate Audit Outcomes ［J］. Auditing: A Journal of Practice & Theory, 2019, 38（2）: 1-26.

［2］ Allee K D, Deangelis M D. The Structure of Voluntary Disclosure Narratives: Evidence from Tone Dispersion ［J］. Journal of Accounting Research, 2015, 53（2）: 241-274.

［3］ Almeida H, Fos V, Kronlund M. The Real Effects of Share Repurchases ［J］. Journal of Financial Economics, 2016, 119（1）: 168-185.

［4］ Amel-Zadeh A, Faasse J. The Information Content of 10-K Narratives: Comparing MD&A and Footnotes Disclosures ［R］. Available at SSRN 2807546, 2016.

［5］ Ang J S, Hsu C, Tang D, Wu C. The Role of Social Media in Corporate Governance ［J］. Accounting Review, 2021, 96（2）: 1-32.

［6］ Antweiler W, Frank M Z. Is All That Talk Just Noise? The Information Content of Internet Stock Message Boards ［J］. The Journal of Finance, 2004, 59（3）: 1259-1294.

［7］ Asay H S, Elliott W B, Rennekamp K. Disclosure Readability and the Sensitivity of Investors' Valuation Judgments to Outside Information ［J］. The Accounting Review, 2017（92）: 1-25.

［8］Ataullah A, Vivian A, Xu B. Do Actions Speak Louder Than Words？Optimistic Disclosure Tone, Insider Trading and Capital Structure ［C］. 2013.

［9］Badawy H A E S, Ibrahim A N. Is the Readability of Corporate Textual Disclosures Measurable？［R］. SSRN Electronic Journal, 2016.

［10］Baginski S P, Clinton S B, McGuire S T. Forward－looking Voluntary Disclosure in Proxy Contests ［R］. Available at SSRN 2295997, 2012.

［11］Baginski S P, Demers E, Wang C, Yu Y J. Contemporaneous Verification of Language：Evidence from Management Earnings Forecasts ［J］. Review of Accounting Studies, 2016, 21 （1）：165-197.

［12］Bagnoli M, Watts S G. Competitive Intelligence and Disclosure ［J］. The RAND Journal of Economics, 2015, 46 （4）：709-729.

［13］Baik B, Cao Q, Choi S, Kim J M. Local Twitter Activity and Stock Returns ［R］. Available at SSRN 2783670, 2016.

［14］Baker M, Wurgler J. A Catering Theory of Dividends ［J］. The Journal of Finance, 2004, 59 （3）：1125-1165.

［15］Ball C, Hoberg G, Maksimovic V. Disclosure, Business Change and Earnings Quality ［R］. Unpublished Working Paper, 2015.

［16］Bartov E, Faurel L, Mohanram P S. Can Twitter Help Predict Firm－Level Earnings and Stock Returns？［J］. The Accounting Review, 2018, 93 （3）：25-57.

［17］Bednar M K. Watchdog or Lapdog？A Behavioral View of the Media as a corporate Governance Mechanism ［J］. Academy of Management Journal, 2012, 55 （1）：131-150.

［18］Bellstam G, Bhagat S, Cookson J A. Innovation in Mature Firms：A Text－Based Analysis ［R］. Working Paper, 2017.

［19］Beuselinck C, Blanco B, Dhole S, Lobo G. Financial Statement Readability and Tax Aggressiveness ［R］. Available at SSRN 3261115, 2018.

［20］Bhagwat V, Burch T R. Pump It Up？Tweeting to Manage Investor Attention to Earnings News ［R］. Available at SSRN 2382962, 2016.

　［21］ Bills K L, Cobabe M, Pittman J, et al. To Share or Not to Share: The Importance of Peer Firm Similarity to Auditor Choice ［J］. Accounting, Organizations and Society, 2020 (83): 101115.

　［22］ Blankespoor E, Miller B P, White H D. Initial Evidence on the Market Impact of the XBRL Mandate ［J］. Review of Accounting Studies, 2014a, 19 (4): 1468-1503.

　［23］ Blankespoor E, Miller G S, White H D. The Role of Dissemination in Market Liquidity: Evidence from Firms' Use of Twitter^{TM} ［J］. The Accounting Review, 2014b, 89 (1): 79-112.

　［24］ Blankespoor E. Firm Communication and Investor Response: A Framework and Discussion Integrating Social Media ［J］. Accounting, Organizations and Society, 2018 (68-69): 80-87.

　［25］ Blau B M, Delisle J R, Price S M. Do Sophisticated Investors Interpret Earnings Conference Call Tone Differently than Investors at Large? Evidence from Short Sales ［J］. Journal of Corporate Finance, 2015 (31): 203-219.

　［26］ Blei D M, Ng A Y, Jordan M I. Latent Dirichlet Allocation ［J］. Journal of Machine Learning Research, 2003, 3 (Jan): 993-1022.

　［27］ Blouin J L, Raedy J S, Shackelford D A. Dividends, Share Repurchases, and Tax Clienteles: Evidence from the 2003 Reductions in Shareholder Taxes ［J］. The Accounting Review, 2011, 86 (3): 887-914.

　［28］ Bochkay K, Levine C. Using MD&A to Improve Earnings Forecasts ［R］. Available at SSRN 2253054, 2013.

　［29］ Bodnaruk A, Loughran T, McDonald B. Using 10-K Text to Gauge Financial Constraints ［J］. Journal of Financial and Quantitative Analysis, 2015, 50 (4): 623-646.

　［30］ Bollen J, Mao H, Zeng X. Twitter Mood Predicts the Stock Market ［J］.

Journal of Computational Science, 2011, 2 (1): 1-8.

[31] Bonsall S B, Bozanic Z, Fischer P. The Informativeness of Disclosure Tone [R]. Available at Doi: 10. 2139/ssrn. 1598364, 2013a.

[32] Bonsall S B, Bozanic Z, Fischer P E. What Do Management Earnings Forecasts Convey about the Macroeconomy? [J]. Journal of Accounting Research, 2013b, 51 (2): 225-266.

[33] Bonsall S B, Leone A J, Miller B P, Rennekamp K. A Plain English Measure of Financial Reporting Readability [J]. Journal of Accounting and Economics, 2017, 63 (2-3): 329-357.

[34] Bonsall S B, Miller B P. The Impact of Narrative Disclosure Readability on Bond Ratings and the Cost of Debt [J]. Review of Accounting Studies, 2017, 22 (2): 608-643.

[35] Bova F, Dou Y, Hope O K. Employee Ownership and Firm Disclosure [J]. Contemporary Accounting Research, 2015, 32 (2): 639-673.

[36] Bowen R M, Dutta S, Tang S, Zhu P. Inside the "Black Box" of Private In-House Meetings [J]. Review of Accounting Studies, 2018, 23 (2): 487-527.

[37] Boyson N M, Pichler P. Hostile Resistance to Hedge Fund Activism [J]. The Review of Financial Studies, 2019, 32 (2): 771-817.

[38] Bozanic Z, Thevenot M. Qualitative Disclosure and Changes in Sell-side Financial Analysts' Information Environment [J]. Contemporary Accounting Research, 2015, 32 (4): 1595-1616.

[39] Bradshaw M T. Analysts' Forecasts: What Do We Know after Decades of Work? [R]. SSRN Electronic Journal, 2011.

[40] Brav A, Graham J, Harvey C, Michaely R. Payout Policy in the 21st Century [J]. Journal of Financial Economics, 2005, 77 (3): 483-527.

[41] Brav A, Jiang W, Ma S, Tian X. How Does Hedge Fund Activism Reshape Corporate Innovation? [J]. Journal of Financial Economics, 2018, 130 (2):

237-264.

[42] Brav A, Jiang W, Partnoy F, Thomas R. Hedge Fund Activism, Corporate Governance, and Firm Performance [J]. The Journal of Finance, 2008, 63 (4): 1729-1775.

[43] Brockman P, Cicon J E, Li X, Price S M. Words versus Deeds: Evidence from Post-call Manager Trades [J]. Financial Management, 2017, 46 (4): 965-994.

[44] Brockman P, Cicon J. The Information Content of Management Earnings Forecasts: An Analysis of Hard versus Soft Information [J]. Journal of Financial Research, 2013, 36 (2): 147-174.

[45] Brockman P, Li X, Price S M. Do Managers Put Their Money Where Their Mouths Are? Evidence from Insider Trading after Conference Calls [R]. Working Paper, 2013.

[46] Brown N C, Stice H, White R M. Mobile Communication and Local Information Flow: Evidence from Distracted Driving Laws [J]. Journal of Accounting Research, 2015, 53 (2): 275-329.

[47] Brown S V, Tucker J W. Large-Sample Evidence on Firms' Year-over-Year MD&A Modifications [J]. Journal of Accounting Research, 2011, 49 (2): 309-346.

[48] Buehlmaier M, Whited T M. Are Financial Constraints Priced? Evidence from Textual Analysis [J]. The Review of Financial Studies, 2018, 31 (7): 2693-2728.

[49] Bushee B J, Gow I D, Taylor D J. Linguistic Complexity in Firm Disclosures: Obfuscation or Information? [J]. Journal of Accounting Research, 2018, 56 (1): 85-121.

[50] Bushee B J, Jung M J, Miller G S. Conference Presentations and the Disclosure Milieu [J]. Journal of Accounting Research, 2011, 49 (5): 1163-1192.

［51］Bushee B J, Matsumoto D A, Miller G S. Open versus Closed Conference Calls: The Determinants and Effects of Broadening Access to Disclosure ［J］. Journal of Accounting and Economics, 2003, 34 (1-3): 149-180.

［52］Bushman R M, Chen J V, Williams C D. Bank Connectedness: Qualitative and Quantitative Disclosure Similarity and Future Tail Comovement ［R］. Unpublished Working Paper, 2016.

［53］Cade N L. Corporate Social Media: How Two-way Disclosure Channels Influence Investors ［J］. Accounting, Organizations and Society, 2018 (68 - 69): 63-79.

［54］Cai J, Walkling R A. Shareholders' Say on Pay: Does It Create Value? ［J］. Journal of Financial and Quantitative Analysis, 2011, 46 (2): 299-339.

［55］Cao S, Jiang W, Yang B, et al. How to Talk When a Machine is Listening?: Corporate Disclosure in the Age of AI ［R］. National Bureau of Economic Research, 2022.

［56］Chakraborty I, Leone A J, Minutti - Meza M, Phillips M A. Financial Statement Complexity and Bank Lending ［J］. The Accounting Review, 2022, 97 (3): 155-178.

［57］Charlet D, Damnati G. Soft-cosine Semantic Similarity between Questions for Community Question Answering ［R］. Proceedings of the 11th International Workshop on Semantic Evaluation (SemEval-2017), 2017: 315-319.

［58］Chau Y K, Lai S F, Yang Y G. Filling in the Governance Void: The Voice of Individual Investors ［J］. Available at SSRN: https://papers.ssrn.com/sol3/papers.cfm? abstract_id=3721526, 2020-10-29.

［59］Chen C, Kim J B, Wei M, Zhang H. Linguistic Information Quality in Customers' Forward-looking Disclosures and Suppliers' Investment Decisions ［J］. Contemporary Accounting Research, 2019, 36 (3): 1751-1783.

［60］Chen H, De P, Hu Y J, Hwang B H. Wisdom of Crowds: The Value of

Stock Opinions Transmitted Through Social Media [J] . Review of Financial Studies, 2014, 27 (5): 1367-1403.

[61] Chen T, Harford J, Lin C. Do Analysts Matter for Governance? Evidence from Natural Experiments [J] . Journal of Financial Economics, 2015, 115 (2): 383-410.

[62] Chetty R, Saez E. Dividend Taxes and Corporate Behavior: Evidence from the 2003 Dividend Tax Cut [J] . The Quarterly Journal of Economics, 2005, 120 (3): 791-833.

[63] Choi W. Disclosure Tone of the Spin-off Prospectus and Insider Trading [R] . The Ohio State University, 2014.

[64] Cohen L, Lou D. Lazy Prices [R] . SSRN Electronic Journal, 2019.

[65] Cohn J B, Gillan S L, Hartzell J C. On Enhancing Shareholder Control: A (Dodd-) Frank Assessment of Proxy Access [J] . The Journal of Finance, 2016, 71 (4): 1623-1668.

[66] Core J E, Guay W, Larcker D F. The Power of the Pen and Executive Compensation [J] . Journal of Financial Economics, 2008, 88 (1): 1-25.

[67] Core J E. A Review of the Empirical Disclosure Literature: Discussion [J] . Journal of Accounting and Economics, 2001, 31 (1-3): 441-456.

[68] Cronqvist H, Fahlenbrach R. Large Shareholders and Corporate Policies [J] . The Review of Financial Studies, 2009, 22 (10): 3941-3976.

[69] Curtis A, Richardson V J, Schmardebeck R. Investor Attention and the Pricing of Earnings News [R] . Handbook of Sentiment Analysis in Finance, Forthcoming, Available at SSRN: ssrn. 2467243, 2016.

[70] Cuñat V, Gine M, Guadalupe M. The Vote Is Cast: The Effect of Corporate Governance on Shareholder Value [J] . The Journal of Finance, 2012, 67 (5): 1943-1977.

[71] Dai L, Parwada J T, Zhang B. The Governance Effect of the Media's News

Dissemination Role：Evidence from Insider Trading［J］. Journal of Accounting Research，2015，53（2）：331-366.

［72］Das S R，Chen M Y. Yahoo！for Amazon：Sentiment Extraction from Small Talk on the Web［J］. Management Science，2007，53（9）：1375-1388.

［73］Davis A K，Piger J M，Sedor L M. Beyond the Numbers：Measuring the Information Content of Earnings Press Release Language［J］. Contemporary Accounting Research，2012，29（3）：845-868.

［74］Davis A K，Tama-Sweet I. Managers' Use of Language across Alternative Disclosure Outlets：Earnings Press Release Versus MD&A［J］. Contemporary Accounting Research，2012，29（3）：804-837.

［75］Davis A K，Tran N. Earnings Quality，Proprietary Disclosure Costs and Managers' Use of Disclosure Tone to Signal Future Performance［R］. Working Paper，2012.

［76］Debreceny R S，Wang T，Zhou M. Research in Social Media：Data Sources and Methodologies［J］. Journal of Information Systems，2019，33（1）：1-28.

［77］De Franco G，Hope O K，Vyas D，Zhou Y. Analyst Report Readability［J］. Contemporary Accounting Research，2015，32（1）：76-104.

［78］DeHaan E，Song Y，Xie C，Zhu C. Discretionary Disclosure Complexity：New Predictions and Evidence from Index Funds［R］. Available at SSRN 3404563，2019.

［79］DeJong D V，Liao K，Xie D. Controlling Shareholder's Share Pledging and Accounting Manipulations［R］. SSRN Scholarly Paper，2020.

［80］Demers E，Vega C. Linguistic Tone in Earnings Announcements：News or Noise？［R］. FRB International Finance Discussion Paper，2011.

［81］Demers E，Vega C. Understanding the Role of Managerial Textual Content in the Price Formation Process［D］. Charlottesville：University of Virginia，2013.

［82］Dimitrov V，Jain P C. It's Showtime：Do Managers Report Better News

Before Annual Shareholder Meetings? ［J］. Journal of Accounting Research, 2011, 49（5）: 1193-1221.

［83］Dou Y, Hope O-K, Thomas W B, Zou Y. Blockholder Exit Threats and Financial Reporting Quality ［J］. Contemporary Accounting Research, 2018, 35（2）: 1004-1028.

［84］Dou Y, Masulis R W, Zein J. Shareholder Wealth Consequences of Insider Pledging of Company Stock as Collateral for Personal Loans ［J］. The Review of Financial Studies, 2019, 32（12）: 4810-4854.

［85］Drake M S, Roulstone D T, Thornock J R. The Determinants and Consequences of Information Acquisition via EDGAR ［J］. Contemporary Accounting Research, 2015, 32（3）: 1128-1161.

［86］Druz M, Petzev I, Wagner A F, Zeckhauser R J. When Managers Change Their Tone, Analysts and Investors Change Their Tune ［J］. Financial Analysts Journal, 2020, 76（2）: 47-69.

［87］Durnev A, Mangen C. The Real Effects of Disclosure Tone: Evidence from Restatements ［R］. Working Paper, Tippie College of Business, University of Iowa, 2011.

［88］Durnev A, Mangen C. The Spillover Effects of MD&A Disclosures for Real Investment: The Role of Product Market Competition ［C］. CAAA Annual Conference, 2012.

［89］Durnev A, Morck R, Zarowin Y P. Does Greater Firm-Specific Return Variation Mean More or Less Informed Stock Pricing? ［J］. Journal of Accounting Research, 2003, 41（5）: 797-836.

［90］Dyck A, Zingales L. Private Benefits of Control: An International Comparison ［J］. The Journal of Finance, 2004, 59（2）: 537-600.

［91］Dyer T, Lang M, Stice-Lawrence L. The Evolution of 10-K Textual Disclosure: Evidence from Latent Dirichlet Allocation ［J］. Journal of Accounting and

Economics, 2017, 64 (2-3): 221-245.

[92] Easterbrook F H. Two Agency-Cost Explanations of Dividends [J] . The American Economic Review, 1984, 74 (4): 650-659.

[93] Efretuei E, Usoro A, Koutra C. Complex Information and Accounting Standards: Evidence from UK Narratives Reporting [J] . South African Journal of Accounting Research, 2022, 36 (3): 171-194.

[94] Elliott W B, Grant S M, Hobson J L. Trader Participation in Disclosure: Implications of Interactions with Management [R] . SSRN Scholarly Paper, 2019.

[95] Elliott W B, Grant S M, Hodge F D. Negative News and Investor Trust: The Role of $Firm and #CEO Twitter Use [J] . Journal of Accounting Research, 2018, 56 (5): 1483-1519.

[96] Elliott W B, Rennekamp K M, White B J. Does Concrete Language in Disclosures Increase Willingness to Invest? [J] . Review of Accounting Studies, 2015 (20): 839-865.

[97] Ertimur Y, Ferri F, Oesch D. Shareholder Votes and Proxy Advisors: Evidence from Say on Pay [J] . Journal of Accounting Research, 2013, 51 (5): 951-996.

[98] Ertimur Y, Ferri F, Stubben S R. Board of Directors' Responsiveness to Shareholders: Evidence from Shareholder Proposals [J] . Journal of Corporate Finance, 2010, 16 (1): 53-72.

[99] Ertugrul M, Lei J, Qiu J, et al. Annual Report Readability, Tone Ambiguity, and the Cost of Borrowing [J] . Journal of Financial and Quantitative Analysis, 2017, 52 (2): 811-836.

[100] Fang V W, Tian X, Tice S. Does Stock Liquidity Enhance or Impede Firm Innovation? [J] . The Journal of Finance, 2014, 69 (5): 2085-2125.

[101] Fan J P H, Wong T J. Corporate Ownership Structure and the Informativeness of Accounting Earnings in East Asia [J] . Journal of Accounting and Economics,

2002, 33 (3): 401-425.

[102] Feldman R, Govindaraj S, Livnat J, Segal B. Management's Tone Change, Post Earnings Announcement Drift and Accruals [J] . Review of Accounting Studies, 2010, 15 (4): 915-953.

[103] Feng X, Johansson A. Top Executives on Social Media and Information in the Capital Market: Evidence from China [J] . Journal of Corporate Finance, 2019 (58): 824-857.

[104] Ferri F, Oesch D. Management Influence on Investors: Evidence from Shareholder Votes on the Frequency of Say on Pay [J] . Contemporary Accounting Research, 2016, 33 (4): 1337-1374.

[105] Ferri F, Maber D A. Say on Pay Votes and CEO Compensation: Evidence from the UK [J] . Review of Finance, 2013, 17 (2): 527-563.

[106] Firth M, Gao J, Shen J, Zhang Y. Institutional Stock Ownership and Firms' Cash Dividend Policies: Evidence from China [J] . Journal of Banking & Finance, 2016 (65): 91-107.

[107] Firth M, Lin C, Wong S M L, Zhao X. Hello, is Anybody There? Corporate Accessibility for Outside Shareholders as a Signal of Agency Problems [J] . Review of Accounting Studies, 2019, 24 (4): 1317-1358.

[108] Frankel R, Jennings J, Lee J. Using Unstructured and Qualitative Disclosures to Explain Accruals [J] . Journal of Accounting and Economics, 2016, 62 (2-3): 209-227.

[109] Frésard L, Hege U, Phillips G. Extending Industry Specialization Through Cross-border Acquisitions [J] . The Review of Financial Studies, 2017, 30 (5): 1539-1582.

[110] Ganguly A, Ganguly A, Ge L, Zutter C. Shareholder Litigation Risk and Readability of Corporate Financial Disclosures: Evidence from Natural Experiments [R] . Available at SSRN 3401891, 2021.

［111］ Garel A, Gilbert A B, Scott A. Linguistic Complexity and Cost of Equity Capital ［R］. Available at SSRN 3240292, 2019.

［112］ Gillan S L, Starks L T. Corporate Governance Proposals and Shareholder Activism: The Role of Institutional Investors ［J］. Journal of Financial Economics, 2000, 57 (2): 275-305.

［113］ Gomes A. Going Public without Governance: Managerial Reputation Effects ［J］. The Journal of Finance, 2000, 55 (2): 615-646.

［114］ Gordon E A, Henry E, Peytcheva M, Sun L. Discretionary Disclosure and the Market Reaction to Restatements ［J］. Review of Quantitative Finance and Accounting, 2013 (41): 75-110.

［115］ Green T C, Jame R, Markov S, Subasi M. Access to Management and the Informativeness of Analyst Research ［J］. Journal of Financial Economics, 2014, 114 (2): 239-255.

［116］ Guay W, Samuels D, Taylor D. Guiding Through the Fog: Financial Statement Complexity and Voluntary Disclosure ［J］. Journal of Accounting and Economics, 2016, 62 (2-3): 234-269.

［117］ Gulen H, O' Brien W J. Option Repricing, Corporate Governance, and the Effect of Shareholder Empowerment ［J］. Journal of Financial Economics, 2017, 125 (2): 389-415.

［118］ Gul F A, Kim J-B, Qiu A A. Ownership Concentration, Foreign Shareholding, Audit Quality, and Stock Price Synchronicity: Evidence from China ［J］. Journal of Financial Economics, 2010, 95 (3): 425-442.

［119］ Gunning R. Technique of Clear Writing ［M］. New York: McGraw - Hill, 1952.

［120］ Hanley K W, Hoberg G. The Information Content of IPO Prospectuses ［J］. The Review of Financial Studies, 2010, 23 (7): 2821-2864.

［121］ Hanley K W, Hoberg G. Litigation Risk, Strategic Disclosure and the Un-

derpricing of Initial Public Offerings ［J］. Journal of Financial Economics, 2012, 103
（2）: 235-254.

［122］ Harris M, Raviv A. Control of Corporate Decisions: Shareholders vs. Mana-
gement ［J］. The Review of Financial Studies, 2010, 23 （11）: 4115-4147.

［123］ Hart R P. Redeveloping Diction: Theoretical Considerations ［C］//West
M. Theory, Method, and Practice of Computer Content Analysis. New York: Ablex,
2001.

［124］ Hasan M M, Habib A. Readability of Narrative Disclosures, and Corpo-
rate Liquidity and Payout Policies ［J］. International Review of Financial Analysis,
2020 （68）: 101460.

［125］ He J, Tian X. The Dark Side of Analyst Coverage: The Case of Innovation
［J］. Journal of Financial Economics, 2013, 109 （3）: 856-878.

［126］ Henry E, Leone A. Measuring Qualitative Information in Capital Markets
Research ［R］. SSRN Working Paper No. 1470807, 2009.

［127］ Henry E. Are Investors Influenced by How Earnings Press Releases Are
Written? ［J］. International Journal of Business Communication, 2008, 45 （4）:
363-407.

［128］ Henry E. Market Reaction to Verbal Components of Earnings Press Relea-
ses: Event Study Using a Predictive Algorithm ［J］. Journal of Emerging Technologies
in Accounting, 2006, 3 （1）: 1-19.

［129］ He W, Li C. The Effects of a Comply-or-Explain Dividend Regulation in
China ［J］. Journal of Corporate Finance, 2018 （52）: 53-72.

［130］ He Y. Communications in Proxy Contests ［R］. SSRN Scholarly Paper,
2021.

［131］ Hoberg G, Lewis C. Do Fraudulent Firms Produce Abnormal Disclosure?
［J］. Journal of Corporate Finance, 2017 （43）: 58-85.

［132］ Hoberg G, Maksimovic V. Redefining Financial Constraints: A Text-

Based Analysis [J]. Review of Financial Studies, 2015, 28 (5): 1312-1352.

[133] Hoberg G, Phillips G, Prabhala N. Product Market Threats, Payouts, and Financial Flexibility [J]. The Journal of Finance, 2014, 69 (1): 293-324.

[134] Hoberg G, Phillips G. Product Market Synergies and Competition in Mergers and Acquisitions: A Text-Based Analysis [J]. The Review of Financial Studies, 2010, 23 (10): 3773-3811.

[135] Hoberg G, Phillips G. Text-based Network Industries and Endogenous Product Differentiation [J]. Journal of Political Economy, 2016, 124 (5): 1423-1465.

[136] Hobson J L, Mayew W J, Venkatachalam M. Analyzing Speech to Detect Financial Misreporting [J]. Journal of Accounting Research, 2012, 50 (2): 349-392.

[137] Hollander S, Pronk M, Roelofsen E. Does Silence Speak? An Empirical Analysis of Disclosure Choices during Conference Calls [J]. Journal of Accounting Research, 2010, 48 (3): 531-563.

[138] Holzman E, Miller B P. The Role of Management Talent in the Production of Informative Regulatory Filings [R]. SSRN Electronic Journal, 2017.

[139] Hong H, Jiang W, Wang N, Zhao B. Trading for Status [J]. The Review of Financial Studies, 2014, 27 (11): 3171-3212.

[140] Hope O K, Lu H. Economic Consequences of Corporate Governance Disclosure: Evidence from the 2006 SEC Regulation on Related-Party Transactions [J]. The Accounting Review, 2020, 95 (4): 263-290.

[141] Hsu C, Ang J, Tang D, Wu C. The Role of Social Media in Corporate Governance [J]. The Accounting Review, 2021, 96 (2): 1-32.

[142] Huang A H, Lehavy R, Zang A Y, Zheng R. Analyst Information Discovery and Interpretation Roles: A Topic Modeling Approach [J]. Management Science, 2018, 64 (6): 2473-2972.

［143］ Huang J, Bushee B. Do Analysts and Investors Efficiently Respond to Managerial Linguistic Complexity on Conference Calls? ［R］. Working Paper, 2019.

［144］ Huang X, Teoh S H, Zhang Y L. Tone Management ［J］. The Accounting Review, 2014, 89 (3): 1083-1113.

［145］ Hwang B H, Kim H H. It Pays to Write Well ［J］. Journal of Financial Economics, 2017, 124 (2): 373-394.

［146］ Iliev P, Lins K V, Miller D P, Roth L. Shareholder Voting and Corporate Governance around the World ［J］. The Review of Financial Studies, 2015, 28 (8): 2167-2202.

［147］ Israelsen R D. Tell it Like It Is: Disclosed Risks and Factor Portfolios ［R］. Available at SSRN 2504522, 2014.

［148］ Jansen B J, Zhang M, Sobel K, Chowdury A. Twitter Power: Tweets as Electronic Word of Mouth ［J］. Journal of the American Society for Information Science and Technology, 2009, 60 (11): 2169-2188.

［149］ Jegadeesh N, Wu D. Word Power: A New Approach for Content Analysis ［J］. Journal of Financial Economics, 2013, 110 (3): 712-729.

［150］ Jensen M C. Agency Costs of Free Cash Flow, Corporate Finance, and Takeovers ［J］. The American Economic Review, 1986, 76 (2): 323-329.

［151］ Jiang F, Jiang Z, Kim K A. Capital Markets, Financial Institutions, and Corporate Finance in China ［J］. Journal of Corporate Finance, 2020 (63):101309.

［152］ Jiang F, Kim K A. Corporate Governance in China: A Survey ［J］. Review of Finance, 2020, 24 (4): 733-772.

［153］ Jiang G, Lee C M C, Yue H. Tunneling through Intercorporate Loans: The China Experience ［J］. Journal of Financial Economics, 2010, 98 (1): 1-20.

［154］ Jiang L, Pittman J A, Saffar W. Policy Uncertainty and Textual Disclosure ［J］. Accounting Horizons, 2022, 36 (4): 113-131.

［155］ Jiang W, Li T, Mei D. Influencing Control: Jawboning in Risk Arbitrage

［J］. The Journal of Finance, 2018, 73（6）: 2635-2675.

［156］Jia W, Redigolo G, Shu S, Zhao J. Can Social Media Distort Price Discovery? Evidence from Merger Rumors ［J］. Journal of Accounting and Economics, 2020, 70（1）: 101334.

［157］Jia W, Redigolo G, Shu S, Zhao J. Crowd Wisdom or Rumor Mill? The Dual Role of Social Media in Financial Rumors ［R］. Working Paper, Boston College, 2017.

［158］Joe J R, Louis H, Robinson D. Managers' and Investors' Responses to Media Exposure of Board Ineffectiveness ［J］. Journal of Financial and Quantitative Analysis, 2009, 44（3）: 579-605.

［159］Jung M J, Naughton J P, Tahoun A, Wang C. Do Firms Strategically Disseminate? Evidence from Corporate Use of Social Media ［J］. The Accounting Review, 2018, 93（4）: 225-252.

［160］Kalay A. Investor Sophistication and Disclosure Clienteles ［J］. Review of Accounting Studies, 2015, 20（2）: 976-1011.

［161］Kaplan A M, Haenlein M. Users of the World, Unite! The Challenges and Opportunities of Social Media ［J］. Business Horizons, 2010, 53（1）: 59-68.

［162］Kietzmann J H, Hermkens K, McCarthy I P, Silvestre B S. Social Media? Get Serious! Understanding the Functional Building Blocks of Social Media ［J］. Business Horizons, 2011, 54（3）: 241-251.

［163］Kimbrough M D. The Effect of Conference Calls on Analyst and Market Underreaction to Earnings Announcements ［J］. The Accounting Review, 2005, 80（1）: 189-219.

［164］Kim C F, Wang K, Zhang L. Readability of 10-K Reports and Stock Price Crash Risk ［J］. Contemporary Accounting Research, 2019, 36（2）: 1184-1216.

［165］Kothari S P, Xu L, Short J E. The Effect of Disclosures by Management,

Analysts, and Business Press on Cost of Capital, Return Volatility, and Analyst Forecasts: A Study Using Content Analysis [J]. The Accounting Review, 2009, 84 (5): 1639-1670.

[166] Kuhnen C M, Niessen A. Public Opinion and Executive Compensation [J]. Management Science, 2012, 58 (7): 1249-1272.

[167] Kumar A, Lei Z, Zhang C. Dividend Sentiment, Catering Incentives, and Return Predictability [D]. University of Miami Business School Research Paper, 2020.

[168] Lang M, Stice-Lawrence L. Textual Analysis and International Financial Reporting: Large Sample Evidence [J]. Journal of Accounting and Economics, 2015, 60 (2-3): 110-135.

[169] La Porta R, Lopez-de-Silanes F, Shleifer A, Vishny R W. Agency Problems and Dividend Policies around the World [J]. The Journal of Finance, 2000, 55 (1): 1-33.

[170] La Porta R, Lopez-de-Silanes F, Shleifer A, Vishny R W. Law and Finance [J]. Journal of Political Economy, 1998, 106 (6): 1113-1155.

[171] La Porta R, Lopez-de-Silanes F, Shleifer A. What Works in Securities Laws? [J]. The Journal of Finance, 2006, 61 (1): 1-32.

[172] Larcker D F, Rusticus T O. On the Use of Instrumental Variables in Accounting Research [J]. Journal of Accounting and Economics, 2010, 49 (3): 186-205.

[173] Larcker D F, Zakolyukina A A. Detecting Deceptive Discussions in Conference Calls [J]. Journal of Accounting Research, 2012, 50 (2): 495-540.

[174] Lau M-L, Wydick B. Does New Information Technology Lower Media Quality? The Paradox of Commercial Public Goods [J]. Journal of Industry, Competition and Trade, 2014, 14 (2): 145-157.

[175] Lee J. Can Investors Detect Managers' Lack of Spontaneity? Adherence to

Predetermined Scripts during Earnings Conference Calls [J] . The Accounting Review, 2016, 91 (1): 229-250.

[176] Lee J, Park J. The Impact of Audit Committee Financial Expertise on Management Discussion and Analysis (MD&A) Tone [J] . European Accounting Review, 2018 (6): 1-22.

[177] Lee L F, Hutton A P, Shu S. The Role of Social Media in the Capital Market: Evidence from Consumer Product Recalls [J] . Journal of Accounting Research, 2015, 53 (2): 367-404.

[178] Lee Y J. The Effect of Quarterly Report Readability on Information Efficiency of Stock Prices [J] . Contemporary Accounting Research, 2012, 29 (4): 1137-1170.

[179] Lehavy R, Li F, Merkley K. The Effect of Annual Report Readability on Analyst Following and the Properties of Their Earnings Forecasts [J] . The Accounting Review, 2011, 86 (3): 1087-1115.

[180] Lei L, Li Y, Luo Y. Production and Dissemination of Corporate Information in Social Media: A Review [J] . Journal of Accounting Literature, 2019 (42): 29-43.

[181] Levit D, Malenko N. Nonbinding Voting for Shareholder Proposals [J] . The Journal of Finance, 2011, 66 (5): 1579-1614.

[182] Levit D, Malenko N. The Labor Market for Directors and Externalities in Corporate Governance [J] . The Journal of Finance, 2016, 71 (2): 75-808.

[183] Levit D. Soft Shareholder Activism [J] . The Review of Financial Studies, 2019, 32 (7): 2775-2808.

[184] Lie E, Lie H J. The Role of Personal Taxes in Corporate Decisions: An Empirical Analysis of Share Repurchases and Dividends [J] . Journal of Financial and Quantitative Analysis, 1999, 34 (4): 533-552.

[185] Li F. Annual Report Readability, Current Earnings, and Earnings Persistence [J] . Journal of Accounting and Economics, 2008, 45 (2-3): 221-247.

[186] Li F. The Information Content of Forward-Looking Statements in Corporate Filings—A Naive Bayesian Machine Learning Approach [J]. Journal of Accounting Research, 2010, 48 (5): 1049-1102.

[187] Li O Z, Liu H, Ni C, Ye K. Individual Investors' Dividend Taxes and Corporate Payout Policies [J]. Journal of Financial and Quantitative Analysis, 2017, 52 (3): 963-990.

[188] Li W, Lie E. Dividend Changes and Catering Incentives [J]. Journal of Financial Economics, 2006, 80 (2): 293-308.

[189] Li Y, Zhang L. Short Selling Pressure, Stock Price Behavior, and Management Forecast Precision: Evidence from a Natural Experiment [J]. Journal of Accounting Research, 2015, 53 (1): 79-117.

[190] Lim E K Y, Chalmers K, Hanlon D. The Influence of Business Strategy on Annual Report Readability [J]. Journal of Accounting and Public Policy, 2018, 37 (1): 65-81.

[191] Lin L, Liao K, Xie D. When Investors Speak, Do Firms Listen? The Role of Investors' Dividend-related Complaints from Online Earnings Communication Conferences [J]. Abacus, 2023, 59 (1): 32-75.

[192] Liu B, McConnell J J. The Role of the Media in Corporate Governance: Do the Media Influence Managers' Capital Allocation Decisions? [J]. Journal of Financial Economics, 2013, 110 (1): 1-17.

[193] Lo K, Ramos F, Rogo R. Earnings Management and Annual Report Readability [J]. Journal of Accounting and Economics, 2017, 63 (1): 1-25.

[194] Lopatta K, Jaeschke R, Yi C. The Strategic Use of Language in Corrupt Firms' Financial Disclosures [R]. Available at SSRN 2512323, 2014.

[195] Loughran T, McDonald B. IPO First-day Returns, Offer Price Revisions, Volatility, and Form S-1 Language [J]. Journal of Financial Economics, 2013, 109 (2): 307-326.

[196] Loughran T, McDonald B. Measuring Readability in Financial Disclosures [J]. The Journal of Finance, 2014, 69 (4): 1643-1671.

[197] Loughran T, McDonald B. When is a Liability Not a Liability? Textual Analysis, Dictionaries, and 10-Ks [J]. The Journal of Finance, 2011, 66 (1): 35-65.

[198] Luo J, Li X, Chen H. Annual Report Readability and Corporate Agency Costs [J]. China Journal of Accounting Research, 2018, 11 (3): 187-212.

[199] Matsusaka J G, Ozbas O. A Theory of Shareholder Approval and Proposal Rights [J]. The Journal of Law, Economics, and Organization, 2017, 33 (2): 377-411.

[200] Maug E, Yilmaz B. Two-Class Voting: A Mechanism for Conflict Resolution [J]. American Economic Review, 2002, 92 (5): 1448-1471.

[201] Mayew W J. Evidence of Management Discrimination among Analysts during Earnings Conference Calls [J]. Journal of Accounting Research, 2008, 46 (3): 627-659.

[202] McCahery J A, Sautner Z, Starks L T. Behind the Scenes: The Corporate Governance Preferences of Institutional Investors [J]. Journal of Finance, 2016, 71 (6): 2905-2932.

[203] Merkley K J. Narrative Disclosure and Earnings Performance: Evidence from R&D Disclosures [J]. The Accounting Review, 2014, 89 (2): 725-757.

[204] Miller B. The Effects of Reporting Complexity on Small and Large Investor Trading [J]. The Accounting Review, 2010, 85 (6): 2107-2143.

[205] Miller G S, Skinner D J. The Evolving Disclosure Landscape: How Changes in Technology, the Media, and Capital Markets Are Affecting Disclosure [J]. Journal of Accounting Research, 2015, 53 (2): 221-239.

[206] Miller G S. The Press as a Watchdog for Accounting Fraud [J]. Journal of Accounting Research, 2006, 44 (5): 1001-1033.

［207］ Miller M H, Modigliani F. Dividend Policy, Growth, and the Valuation of Shares ［J］. The Journal of Business, 1961, 34 (4): 411-433.

［208］ O'Connor B, Balasubramanyan R, Routledge B, Smith N. From Tweets to Polls: Linking Text Sentiment to Public Opinion Time Series ［C］//Proceedings of the International AAAI Conference on Web and Social Media, 2010, 4 (1): 122-129.

［209］ Pennebaker J W, Mehl M R, Niederhoffer K G. Psychological Aspects of Natural Language Use: Our Words, Our Selves ［J］. Annual Review of Psychology, 2003, 54 (1): 547-577.

［210］ Peterson K, Schmardebeck R, Wilks T J. The Earnings Quality and Information Processing Effects of Accounting Consistency ［J］. The Accounting Review, 2015, 90 (6): 2483-2514.

［211］ Prevost A K, Rao R P. Of What Value are Shareholder Proposals Sponsored by Public Pension Funds? ［J］. The Journal of Business, 2000, 73 (2): 177-204.

［212］ Price S M, Doran J S, Peterson D R, Bliss B A. Earnings Conference Calls and Stock Returns: The Incremental Informativeness of Textual Tone ［J］. Journal of Banking & Finance, 2012, 36 (4): 992-1011.

［213］ Prokofieva M. Twitter-Based Dissemination of Corporate Disclosure and the Intervening Effects of Firms' Visibility: Evidence from Australian-Listed Companies ［J］. Journal of Information Systems, 2015, 29 (2): 107-136.

［214］ Rennekamp K M, Witz P D. Linguistic Formality and Audience Engagement: Investors' Reactions to Characteristics of Social Media Disclosures ［J］. Contemporary Accounting Research, 2021, 38 (3): 1748-1781.

［215］ Rennekamp K M. Processing Fluency and Investors' Reactions to Disclosure Readability ［J］. Journal of Accounting Research, 2012, 50 (5): 1319-1354.

［216］ Rennekamp K. Processing Fluency and Investors' Reactions to Disclosure Readability ［J］. Journal of Accounting Research, 2012, 50 (5): 1319-1354.

［217］Rogers J L, Van Buskirk A, Zechman S L. Disclosure Tone and Shareholder Litigation ［J］. The Accounting Review, 2011, 86 (6): 2155-2183.

［218］Schwartz－Ziv M, Wermers R. Do Institutional Investors Monitor Their Large vs. Small Investments Differently? Evidence from the Say-on-Pay Vote ［R］. SSRN Scholarly Paper, 2018.

［219］Shleifer A, Vishny R W. Large Shareholders and Corporate Control ［J］. Journal of Political Economy, 1986, 94 (3): 461-488.

［220］Snow N M, Rasso J. If the Tweet Fits: How Investors Process Financial Information Received via Social Media ［R］. SSRN Working Paper No. 2945554, 2017.

［221］Sprenger T O, Tumasjan A, Sandner P G, Welpe I M. Tweets and Trades: The Information Content of Stock Microblogs ［J］. European Financial Management, 2014, 20 (5): 926-957.

［222］Sun M, Xu W. Short Selling and Readability in Financial Disclosures: A Controlled Experiment ［J］. Available at SSRN 3015101, 2022.

［223］Tang V W. Wisdom of Crowds: Cross-sectional Variation in the Informativeness of Third-Party-Generated Product Information on Twitter ［J］. Journal of Accounting Research, 2018, 56 (3): 989-1034.

［224］Tan H, Wang E Y, Zhou B. When the Use of Positive Language Backfires: The Joint Effect of Tone, Readability, and Investor Sophistication on Earnings Judgments ［J］. Journal of Accounting Research, 2014, 52 (1): 273-302.

［225］Tan H T, Wang E Y, Zhou B. How does Readability Influence Investors' Judgments? Consistency of Benchmark Performance Matters ［J/OL］. The Accounting Review, 2015, 90 (1): 371-393. https://doi.org/10.2308/accr-50857.

［226］Teoh S H. The Promise and Challenges of New Datasets for Accounting Research ［J］. Accounting, Organizations and Society, 2018 (68-69): 109-117.

［227］Tetlock P C, Tsechansky M S, Macskassy S. More Than Words: Quantifying Language to Measure Firms' Fundamentals ［J］. The Journal of Finance, 2008,

63 (3)：1437-1467.

［228］Tetlock P C. All the News That's Fit to Reprint：Do Investors React to Stale Information? ［J］. Review of Financial Studies, 2011, 24 (5)：1481-1512.

［229］Tetlock P C. Giving Content to Investor Sentiment：The Role of Media in the Stock Market ［J］. The Journal of Finance, 2007, 62 (3)：1139-1168.

［230］Thomas R S, Cotter J F. Shareholder Proposals in the New Millennium：Shareholder Support, Board Response, and Market Reaction ［J］. Journal of Corporate Finance, 2007, 13 (2)：368-391.

［231］Trinkle B S, Crossler R E, Bélanger F. Voluntary Disclosures via Social Media and the Role of Comments ［J］. Journal of Information Systems, 2015, 29 (3)：101-121.

［232］You H, Zhang X. Financial Reporting Complexity and Investor Underreaction to 10-K Information ［J］. Review of Accounting Studies, 2009 (14)：559-586.

［233］Yu S, Kak S. A Survey of Prediction Using Social Media ［Z］. Social and Information Networks, eprint arXiv：1203. 1647, 2012-03-07.

［234］Yu Y, Duan W, Cao Q. The Impact of Social and Conventional Media on Firm Equity Value：A Sentiment Analysis Approach ［J］. Decision Support Systems, 2013, 55 (4)：919-926.

［235］Zingales L. In Search of New Foundations ［J］. The Journal of Finance, 2000, 55 (4)：1623-1653.

［236］边海容, 万常选, 万建香. 网络金融信息与上市公司财务状况的关系研究 ［J］. 江西财经大学学报, 2013 (3)：37-44.

［237］卞世博, 陈曜, 汪训孝. 高质量的互动可以提高股票市场定价效率吗? ——基于"上证 e 互动"的研究 ［J］. 经济学（季刊）, 2022, 22 (3)：749-772.

［238］卞世博, 管之凡, 阎志鹏. 答非所问与市场反应：基于业绩说明会的研究 ［J］. 管理科学学报, 2021, 24 (4)：109-126.

［239］卞世博，阎志鹏．"答非所问"与 IPO 市场表现——来自网上路演期间的经验证据［J］．财经研究，2020，46（1）：49-63．

［240］蔡贵龙，张亚楠，徐悦，等．投资者—上市公司互动与资本市场资源配置效率——基于权益资本成本的经验证据［J］．管理世界，2022，38（8）：199-217．

［241］蔡闫东，汪顺，陈一玲，等．年报语调管理与审计师披露应对［J］．审计研究，2022（5）：85-94+117．

［242］陈皓雪，吕长江，范琳珊．社交新媒体、业绩预告与资本市场效率——来自深沪两市投资者 e 互动的证据［J/OL］．南开管理评论（网络首发），2022：1-36．

［243］陈华，孙汉，沈胤鸿．交易所网络平台互动能缓解股价崩盘风险吗？——基于管理层回复质量的异质性角度［J］．上海财经大学学报，2022，24（3）：92-107．

［244］陈婧，于雪航，方军雄．分析师预测乐观偏差与企业创新投资——基于收入压力的视角［J］．财务研究，2021（4）：45-57．

［245］陈钦源，马黎珺，伊志宏．分析师跟踪与企业创新绩效——中国的逻辑［J］．南开管理评论，2017，20（3）：15-27．

［246］陈庆江，王彦萌，兰珊．普惠化制度安排、选择性直接支持与企业研发绩效——政府参与的异质性创新治理效应［J］．科研管理，2021，42（1）：78-87．

［247］陈霄，叶德珠，邓洁．借款描述的可读性能够提高网络借款成功率吗［J］．中国工业经济，2018，360（3）：174-192．

［248］陈艺云．基于信息披露文本的上市公司财务困境预测：以中文年报管理层讨论与分析为样本的研究［J］．中国管理科学，2019，27（7）：23-34．

［249］陈玉娇，宋铁波，黄键斌．企业数字化转型："随行就市"还是"入乡随俗"？——基于制度理论和认知理论的决策过程研究［J］．科学学研究，2022，40（6）：1054-1062．

［250］程博，邱保印，殷俊明．信任文化影响供应商分布决策吗？［J］．外国经济与管理，2021，43（7）：54-67.

［251］底璐璐，罗勇根，江伟，等．客户年报语调具有供应链传染效应吗？——企业现金持有的视角［J］．管理世界，2020，36（8）：148-163.

［252］丁慧，吕长江，陈运佳．投资者信息能力：意见分歧与股价崩盘风险——来自社交媒体"上证 e 互动"的证据［J］．管理世界，2018a，34（9）：161-171.

［253］丁慧，吕长江，黄海杰．社交媒体、投资者信息获取和解读能力与盈余预期——来自"上证 e 互动"平台的证据［J］．经济研究，2018b，53（1）：153-168.

［254］丁亚楠，王建新．"浑水摸鱼"还是"自证清白"：经济政策不确定性与信息披露——基于年报可读性的探究［J］．外国经济与管理，2021，43（11）：70-85.

［255］董天一，鲁桂华，王玉涛．网络水军与资源配置效率：基于大股东减持视角［J/OL］．南开管理评论（网络首发），2022：1-39.

［256］窦超，罗劲博．中小股东利用社交媒体"发声"能否改善高管薪酬契约［J］．财贸经济，2020，41（12）：85-100.

［257］范合君，吴婷，何思锦．"互联网+政务服务"平台如何优化城市营商环境？——基于互动治理的视角［J］．管理世界，2022，38（10）：126-153.

［258］范黎波，尚铎．管理层语调会影响慈善捐赠吗？——基于上市公司"MD&A"文本分析的研究［J］．经济与管理研究，2020，41（2）：112-126.

［259］范琳珊，吕长江，陈皓雪．新媒体能缓解信息传染效应吗——基于环境污染曝光的事件研究［J］．会计研究，2022（3）：28-46.

［260］方军雄．我国上市公司信息披露透明度与证券分析师预测［J］．金融研究，2007（6）：136-148.

［261］甘丽凝，陈思，胡珉，等．管理层语调与权益资本成本——基于创业板上市公司业绩说明会的经验证据［J］．会计研究，2019（6）：27-34.

［262］高敬忠，杨朝．交易所网络平台互动与超额商誉［J］．软科学，2021a，35（5）：111-116．

［263］高敬忠，杨朝．网络平台互动能够抑制实体企业金融化吗？——来自交易所互动平台问答的经验证据［J］．上海财经大学学报，2021b，23（5）：50-64+106．

［264］高敬忠，杨朝，彭正银．网络平台互动能够缓解企业融资约束吗——来自交易所互动平台问答的证据［J］．会计研究，2021（6）：59-75．

［265］葛锐，刘晓颖，孙筱蔚．审计师更换影响管理层报告信息增量了吗？——来自纵向文本相似度的证据［J］．审计研究，2020（4）：113-122．

［266］韩国高，陈庭富，刘田广．数字化转型与企业产能利用率——来自中国制造企业的经验发现［J］．财经研究，2022，48（9）：154-168．

［267］郝项超，苏之翔．重大风险提示可以降低IPO抑价吗？——基于文本分析法的经验证据［J］．财经研究，2014，40（5）：42-53．

［268］何捷，陆正飞．定性的未来供应链风险披露与分析师关注行为研究［J］．会计研究，2020（6）：36-48．

［269］何贤杰，王孝钰，孙淑伟，等．网络新媒体信息披露的经济后果研究——基于股价同步性的视角［J］．管理科学学报，2018，21（6）：43-59．

［270］何贤杰，王孝钰，赵海龙，等．上市公司网络新媒体信息披露研究：基于微博的实证分析［J］．财经研究，2016，42（3）：16-27．

［271］胡军，王甄．微博、特质性信息披露与股价同步性［J］．金融研究，2015（11）：190-206．

［272］胡楠，薛付婧，王昊楠．管理者短视主义影响企业长期投资吗？——基于文本分析和机器学习［J］．管理世界，2021，37（5）：139-156+11+19-21．

［273］胡媛媛，陈守明，仇方君．企业数字化战略导向、市场竞争力与组织韧性［J］．中国软科学，2021（S1）：214-225．

［274］胡志强，王雅格．审核问询、信息披露更新与IPO市场表现——科创

板企业招股说明书的文本分析［J］．经济管理，2021，43（4）：155-172.

［275］黄昌宁，赵海．中文分词十年回顾［J］．中文信息学报，2007，21（3）：8-19.

［276］姜付秀，王运通，田园，等．多个大股东与企业融资约束——基于文本分析的经验证据［J］．管理世界，2017（12）：61-74.

［277］姜富伟，胡逸驰，黄楠．央行货币政策报告文本信息、宏观经济与股票市场［J］．金融研究，2021（6）：95-113.

［278］姜绍静，彭以忧，彭纪生．绩效落差对企业年报异常积极语调的影响［J］．管理学报，2023，20（2）：191-199.

［279］蒋艳辉，冯楚建．MD&A 语言特征、管理层预期与未来财务业绩——来自中国创业板上市公司的经验证据［J］．中国软科学，2014（11）：115-130.

［280］金德环，李岩．群体智慧：同伴观点与价值发现——来自社交媒体的经验证据［J］．经济管理，2017，39（12）：157-173.

［281］金德环，李岩．投资者互动与股票收益——来自社交媒体的经验证据［J］．金融论坛，2017，22（5）：72-80.

［282］乐国安，董颖红，陈浩，赖凯声．在线文本情感分析技术及应用［J］．心理科学进展，2013，21（10）：1711-1719.

［283］李成刚，贾鸿业，赵光辉，等．基于信息披露文本的上市公司信用风险预警——来自中文年报管理层讨论与分析的经验证据［J］．中国管理科学，2023，31（2）：18-29.

［284］李春涛，张计宝，张璇．年报可读性与企业创新［J］．经济管理，2020，42（10）：156-173.

［285］李春涛，赵一，徐欣，等．按下葫芦浮起瓢：分析师跟踪与盈余管理途径选择［J］．金融研究，2016（4）：144-157.

［286］李焕生．我国上市公司管理层语调具有信息增量吗？——一个文献综述［J］．财会研究，2020（12）：47-53.

［287］李丽青．《新财富》评选的最佳分析师可信吗？——基于盈利预测准

确度和预测修正市场反应的经验证据［J］．投资研究，2012，31（7）：54-64.

［288］李莎，林东杰，王彦超．公司战略变化与审计收费——基于年报文本相似度的经验证据［J］．审计研究，2019（6）：105-112.

［289］李世刚，蒋尧明．上市公司年报文本信息语调影响审计意见吗？［J］．会计研究，2020（5）：178-192.

［290］李姝，杜亚光，张晓哲．同行MD&A语调对企业创新投资的溢出效应［J］．中国工业经济，2021（3）：137-155.

［291］李文贵，路军．网络平台互动与股价崩盘风险："沟通易"还是"操纵易"［J］．中国工业经济，2022（7）：178-196.

［292］李晓青，庄新田．基于投资者情绪的证券分析师盈利预测行为［J］．东北大学学报（自然科学版），2016，37（10）：1517-1520.

［293］李晓溪，饶品贵，岳衡．年报问询函与管理层业绩预告［J］．管理世界，2019，35（8）：173-188+192.

［294］李岩琼，姚颐．研发文本信息：真的多说无益吗？——基于分析师预测的文本分析［J］．会计研究，2020（2）：26-42.

［295］李月伦，常宝宝．基于最大间隔马尔可夫网模型的汉语分词方法［J］．中文信息学报，2010（1）：8-14.

［296］李哲，王文翰．"多言寡行"的环境责任表现能否影响银行信贷获取——基于"言"和"行"双维度的文本分析［J］．金融研究，2021（12）：116-132.

［297］李哲，王文翰，王遥．企业环境责任表现与政府补贴获取——基于文本分析的经验证据［J］．财经研究，2022，48（2）：78-92+108.

［298］梁坤，蒋翠清，丁勇．基于中文社会媒体的股票收益预测——从干系人视角分析［J］．情报学报，2013，32（4）：390-396.

［299］梁日新，李英．年报文本语调与审计费用——来自我国A股上市公司的经验数据［J］．审计研究，2021（5）：109-119.

［300］林乐，李惠．分析师预测偏差会影响投资者语调吗——基于业绩说明

会的文本分析［J］.财会月刊，2021（15）：41-49.

［301］林乐，谢德仁.投资者会听话听音吗？——基于管理层语调视角的实证研究［J］.财经研究，2016，42（7）：28-39.

［302］林乐，谢德仁.分析师荐股更新利用管理层语调吗？——基于业绩说明会的文本分析［J］.管理世界，2017（11）：125-145+188.

［303］林晚发，方梅，沈宇航.债券募集说明书文本信息与债券发行定价［J］.管理科学，2021，34（4）：19-34.

［304］林晚发，赵仲匡，宋敏.管理层讨论与分析的语调操纵及其债券市场反应［J］.管理世界，2022，38（1）：164-180.

［305］林煜恩，李欣哲，卢扬，等.管理层语调的信号和迎合：基于中国上市企业创新的研究［J］.管理科学，2020，33（4）：53-66.

［306］刘斌，迟健心，季侃.董事会"内部控制专业胜任能力"重要吗？——基于文本分析和机器学习的经验证据［J/OL］.南开管理评论（网络首发），2022：1-22.

［307］刘斌，李延喜，迟健心.内部控制意愿、内部控制水平与盈余管理方式——基于文本分析与机器学习的计量方法［J］.科研管理，2021，42（9）：166-174.

［308］刘昌阳，刘亚辉，尹玉刚.上市公司产品竞争与分析师研究报告文本信息［J］.世界经济，2020，43（2）：122-146.

［309］刘建梅，王存峰.投资者能解读文本信息语调吗［J］.南开管理评论，2021，24（5）：105-117.

［310］刘建秋，尹广英，吴静桦.企业社会责任报告语调与资产误定价［J］.会计研究，2022（5）：131-145.

［311］刘璇，吕长江.谁签订的薪酬契约？签约方身份与会计信息的契约作用——来自中国地方国有上市公司的证据［J］.会计研究，2017（1）：75-81+96.

［312］刘瑶瑶，路军伟，李奇凤.业绩说明会语调能提高资本市场信息效率

吗？——基于股价同步性的视角 [J]. 中南财经政法大学学报, 2021 (5)：38-50.

[313] 刘云菁, 张紫怡, 张敏. 财务与会计领域的文本分析研究：回顾与展望 [J]. 会计与经济研究, 2021, 35 (1)：3-22.

[314] 龙文, 毛元丰, 管利静, 等. 财经新闻的话题会影响股票收益率吗？——基于行业板块的研究 [J]. 管理评论, 2019, 31 (5)：18-27.

[315] 卢盛峰, 李晓淳, 卢洪友. 地方政府财政治理特征研究：来自中国政府工作报告文本识别的经验证据 [J]. 财政研究, 2020 (4)：99-114.

[316] 鲁惠中, 林靖. 市场压力下的公司创新文本信息披露——基于分析师视角 [J]. 经济科学, 2022 (2)：142-153.

[317] 逯东, 宋昕倍. 媒体报道、上市公司年报可读性与融资约束 [J]. 管理科学学报, 2021, 24 (12)：45-61.

[318] 逯东, 余渡, 杨丹. 财务报告可读性、投资者实地调研与对冲策略 [J]. 会计研究, 2019, 384 (10)：34-41.

[319] 罗劲博, 窦超. 中小股东的社交媒体"发声"影响企业并购偏好吗？——基于互动易（e 互动）平台的经验证据 [J]. 上海财经大学学报, 2022, 24 (4)：123-137.

[320] 罗琦, 吴乃迁, 苏愉越, 等. 投资者盈余乐观情绪与管理者迎合——基于社交媒体情感分析的证据 [J]. 中国工业经济, 2021 (11)：135-154.

[321] 罗一麟, 洪剑峭, 倪晨凯, 等. 个人投资者能否识别经济关联？——基于行业内首次盈余公告的分析 [J]. 会计研究, 2020 (12)：71-84.

[322] 罗勇根, 饶品贵, 岳衡. "通货膨胀幻觉"的微观解释：盈余质量的视角 [J]. 世界经济, 2018, 41 (4)：124-149.

[323] 马黎珺, 吴雅倩, 伊志宏, 等. 分析师报告的逻辑性特征研究：问题、成因与经济后果 [J]. 管理世界, 2022, 38 (8)：217-234.

[324] 马黎珺, 伊志宏, 张澈. 廉价交谈还是言之有据？——分析师报告文本的信息含量研究 [J]. 管理世界, 2019, 35 (7)：182-200.

[325] 马长峰, 陈志娟, 张顺明. 基于文本大数据分析的会计和金融研究综

述［J］．管理科学学报，2020，23（9）：19-30．

［326］毛捷，曹婧，刘玎倩．信息完备与税收遵从［J］．世界经济，2022，45（6）：87-111．

［327］孟庆斌，黄清华，赵大旋，等．互联网沟通与股价崩盘风险［J］．经济理论与经济管理，2019（11）：50-67．

［328］孟庆斌，杨俊华，鲁冰．管理层讨论与分析披露的信息含量与股价崩盘风险——基于文本向量化方法的研究［J］．中国工业经济，2017（12）：132-150．

［329］苗霞，李秉成．管理层超额乐观语调与企业财务危机预测——基于年报前瞻性信息的分析［J］．商业研究，2019（2）：129-137．

［330］南晓莉．新媒体时代网络投资者意见分歧对IPO溢价影响——基于股票论坛数据挖掘方法［J］．中国软科学，2015，298（10）：155-165．

［331］潘红波，杨海霞．竞争者融资约束对企业并购行为的影响研究［J］．中国工业经济，2022（7）：159-177．

［332］潘红波，杨海霞．利益相关者"创新关注"促进了企业创新吗——来自深交所"互动易"的证据［J］．南开管理评论，2022，25（3）：85-96．

［333］潘健平，潘越，马奕涵．以"合"为贵？合作文化与企业创新［J］．金融研究，2019（1）：148-167．

［334］潘俊，景雪峰，王亮亮，等．国家审计结果公告语调与国有企业社会责任［J］．审计研究，2020（6）：26-33．

［335］潘欣，余鹏翼，苏茹，等．并购重组业绩承诺与企业融资约束——基于文本分析的经验证据［J］．管理评论，2022，34（3）：268-277．

［336］潘怡麟，张舒怡，朱凯．文过饰非还是秉笔直书：中国债券评级报告文本信息的价值相关性［J/OL］．南开管理评论（网络首发），2021：1-22．

［337］庞家任，张鹤，张梦洁．资本市场开放与股权资本成本——基于沪港通、深港通的实证研究［J］．金融研究，2020（12）：169-188．

［338］彭红枫，林川．言之有物：网络借贷中语言有用吗？——来自人人贷

借款描述的经验证据［J］.金融研究，2018（11）：133-152.

　　［339］彭红枫，赵海燕，周洋.借款陈述会影响借款成本和借款成功率吗？——基于网络借贷陈述的文本分析［J］.金融研究，2016，430（4）：158-173.

　　［340］戚聿东，孙昌玲，王化成.企业核心竞争力能够降低权益资本成本吗——基于文本分析的经验证据［J］.会计研究，2021（8）：94-106.

　　［341］钱爱民，朱大鹏.财务报告文本相似度与违规处罚——基于文本分析的经验证据［J］.会计研究，2020（9）：44-58.

　　［342］丘心颖，郑小翠，邓可斌.分析师能有效发挥专业解读信息的作用吗？——基于汉字年报复杂性指标的研究［J］.经济学（季刊），2016，15（4）：1483-1506.

　　［343］任宏达，王琨.社会关系与企业信息披露质量——基于中国上市公司年报的文本分析［J］.南开管理评论，2018，21（5）：128-138.

　　［344］阮宏飞，贾明，张喆.信息互动对上市公司传闻治理的影响［J］.管理科学，2022，35（3）：131-146.

　　［345］阮睿，孙宇辰，唐悦，等.资本市场开放能否提高企业信息披露质量？——基于"沪港通"和年报文本挖掘的分析［J］.金融研究，2021（2）：188-206.

　　［346］沈艳，陈赟，黄卓.文本大数据分析在经济学和金融学中的应用：一个文献综述［J］.经济学（季刊），2019，18（4）：1153-1186.

　　［347］沈艺峰，杨晶，李培功.网络舆论的公司治理影响机制研究——基于定向增发的经验证据［J］.南开管理评论，2013，16（3）：80-88.

　　［348］史伟，王洪伟，何绍义.基于微博平台的公众情感分析［J］.情报学报，2012，31（11）：1171-1178.

　　［349］宋德勇，朱文博，丁海.企业数字化能否促进绿色技术创新？——基于重污染行业上市公司的考察［J］.财经研究，2022，48（4）：34-48.

　　［350］宋建波，冯晓晴.关键审计事项信息含量与公司债券发行定价——基

于文本相似度视角［J］．会计研究，2022（3）：174-191.

［351］宋昕倍，陈莹，逯东，等．信息环境、上市公司增量信息披露与资本市场定价效率——基于 MD&A 文本相似度的研究［J/OL］．南开管理评论（网络首发），2022：1-26.

［352］孙昌玲，王化成，王芃芃．企业核心竞争力对供应链融资的影响：资金支持还是占用？［J］．中国软科学，2021（6）：120-134.

［353］孙鲲鹏，王丹，肖星．互联网信息环境整治与社交媒体的公司治理作用［J］．管理世界，2020，36（7）：106-132.

［354］孙鲲鹏，肖星．互联网社交媒体对投资者情绪传染与股价崩盘风险的影响机制［J］．技术经济，2018，37（6）：93-102.

［355］孙茂松，邹嘉彦．汉语自动分词研究评述［J］．当代语言学，2001，3（1）：22-32.

［356］孙彤，薛爽，崔庆慧．企业家前台化影响企业价值吗？——基于新浪微博的实证证据［J］．金融研究，2021（5）：189-206.

［357］孙文章．董事会秘书声誉与信息披露可读性——基于沪深 A 股公司年报文本挖掘的证据［J］．经济管理，2019，41（7）：136-153..

［358］孙文章．信息发布者会计背景有助于提高信息可读性吗？——基于董秘个人特征的证据［J］．经济管理，2021，43（9）：154-171.

［359］孙毅，程晴，金全，等．社会互动对投资者处置效应的影响——基于社交投资平台模拟交易的实证研究［J］．管理评论，2020，32（10）：72-82.

［360］谭建华，王雄元．上市公司违规与年报文本信息操纵［J］．中国软科学，2022（3）：99-111.

［361］谭松涛，崔小勇．上市公司调研能否提高分析师预测精度［J］．世界经济，2015，38（4）：126-145.

［362］谭松涛，阚铄，崔小勇．互联网沟通能够改善市场信息效率吗？——基于深交所"互动易"网络平台的研究［J］．金融研究，2016（3）：174-188.

［363］唐少清，詹细明，李俊林，等．管理层语调与创业板上市公司业绩关

系研究［J］．中国软科学，2020（S1）：32-40.

［364］陶颜，潘越莹，何佳曦，等.MD&A 创新描述与公司未来创新绩效——基于文本分析的经验证据［J］．工业技术经济，2022，41（10）：117-123.

［365］田高良，陈匡宇，齐保垒.会计师事务所有基于关键审计事项的审计风格吗——基于中国上市公司披露新版审计报告的经验证据［J］．会计研究，2021（11）：160-177.

［366］田高良，封华，于忠泊.资本市场中媒体的公司治理角色研究［J］．会计研究，2016，344（6）：21-29+94.

［367］田高良，田皓文，吴璇，等.经营业务竞争与股票收益——基于财务报告文本附注的分析［J］．会计研究，2019（10）：78-84.

［368］田高良，薛宇婷，李星，等.投资者重视管理者的前瞻性吗？——基于年报文本分析的经验证据［J］．管理工程学报，2023，37（1）：225-236.

［369］王百强，杨雅宁，孙昌玲.企业核心竞争力是否影响审计师决策？——基于 A 股上市公司的实证研究［J］．审计研究，2021（2）：68-79.

［370］王丹，孙鲲鹏，高皓.社交媒体上"用嘴投票"对管理层自愿性业绩预告的影响［J］．金融研究，2020（11）：188-206.

［371］王帆，邹梦琪.关键审计事项披露与企业投资效率——基于文本分析的经验证据［J］．审计研究，2022（3）：69-79.

［372］王海林，付文博.监管问询影响下游客户的管理层语调吗？——基于财务报告问询函和 MD&A 的分析［J］．审计研究，2022（3）：104-116.

［373］王海林，张丁.国家审计对国有企业风险承担的治理效应：促进还是抑制？——基于审计公告语调的分析［J］．会计研究，2021（10）：152-165.

［374］王海林，张丁.国家审计对企业真实盈余管理的治理效应——基于审计公告语调的分析［J］．审计研究，2019（5）：6-14.

［375］王华杰，王克敏.应计操纵与年报文本信息语气操纵研究［J］．会计研究，2018（4）：45-51.

[376] 王克敏，王华杰，李栋栋，等．年报文本信息复杂性与管理者自利——来自中国上市公司的证据［J］．管理世界，2018，34（12）：120-132+194.

[377] 王美英，付楠楠，霍宜君，等．国家审计影响分析师盈余预测准确度了吗？［J］．审计研究，2021（5）：61-71.

[378] 王雄元，曾敬．年报风险信息披露与银行贷款利率［J］．金融研究，2019（1）：54-71.

[379] 王雄元，高曦．年报风险披露与权益资本成本［J］．金融研究，2018（1）：174-190.

[380] 王雄元，高曦，何捷．年报风险信息披露与审计费用——基于文本余弦相似度视角［J］．审计研究，2018（5）：98-104.

[381] 王雄元，李岩琼，肖忞．年报风险信息披露有助于提高分析师预测准确度吗？［J］．会计研究，2017（10）：37-43+96.

[382] 王艳艳，何如桢，于李胜，等．管理层能力与年报柔性监管——基于年报问询函收函和回函视角的研究［J］．会计研究，2020（12）：59-70.

[383] 王艳艳，庄婕，叶颖玫．数字平台中的交流互动是否传递了有用信息？——基于网络业绩说明会中股票质押信息沟通的经验证据［J］．财务研究，2022（2）：30-43.

[384] 王永海，汪芸倩，唐榕氚．异常审计费用与分析师语调——基于分析师报告文本分析［J］．审计研究，2019（4）：39-47.

[385] 魏韡，向阳，陈千．中文文本情感分析综述［J］．计算机应用，2011，31（12）：3321-3323.

[386] 吴武清，赵越，闫嘉文，等．分析师文本语调会影响股价同步性吗？——基于利益相关者行为的中介效应检验［J］．管理科学学报，2020，23（9）：108-126.

[387] 吴璇，田高良，李玥婷，等．经营信息披露与股票收益联动——基于财务报告文本附注的分析［J］．南开管理评论，2019，22（3）：173-186+224.

[388] 伍燕然，江婕，谢楠，等．公司治理、信息披露、投资者情绪与分析师盈利预测偏差［J］．世界经济，2016，39（2）：100-119.

[389] 武常岐，张昆贤，周欣雨，等．数字化转型、竞争战略选择与企业高质量发展——基于机器学习与文本分析的证据［J］．经济管理，2022，44（4）：5-22.

[390] 夏雨，郭凤君，魏明侠，等．基于"蚂蚁金服"事件网评文本的互联网金融监管蕴意挖掘［J］．管理学报，2022，19（1）：119-128.

[391] 肖斌卿，彭毅，方立兵，等．上市公司调研对投资决策有用吗——基于分析师调研报告的实证研究［J］．南开管理评论，2017，20（1）：119-131.

[392] 肖土盛，吴雨珊，亓文韬．数字化的翅膀能否助力企业高质量发展——来自企业创新的经验证据［J］．经济管理，2022，44（5）：41-62.

[393] 谢陈昕，叶德珠，叶显．企业竞争文化与股价崩盘风险［J］．管理工程学报，2022，36（1）：111-123.

[394] 谢德仁，林乐．管理层语调能预示公司未来业绩吗？——基于我国上市公司年度业绩说明会的文本分析［J］．会计研究，2015（2）：20-27+93.

[395] 辛清泉，孔东民，郝颖．公司透明度与股价波动性［J］．金融研究，2014（10）：193-206.

[396] 徐晨，张英明．管理层语调操纵能预示财务舞弊风险吗？——基于MD&A前瞻性文本信息［J］．科学与管理，2021，41（5）：73-81.

[397] 徐军，丁宇新，王晓龙．使用机器学习方法进行新闻的情感自动分类［J］．中文信息学报，2007（6）：95-100.

[398] 徐寿福，郑迎飞，罗雨杰．网络平台互动与股票异质性风险［J］．财经研究，2022，48（10）：153-168.

[399] 徐巍，姚振晔，陈冬华．中文年报可读性：衡量与检验［J］．会计研究，2021（3）：28-44.

[400] 徐晓彤，李淑慧．客户年报负面语调与供应商企业审计费用［J］．审计研究，2021（4）：53-65.

［401］徐泽林，林雨晨，高岭．董秘努力工作重要吗？——基于深市公司投资者关系互动的证据［J］．证券市场导报，2021（6）：34-42+78.

［402］许晨曦，杜勇，鹿瑶．年报语调对资本市场定价效率的影响研究［J］．中国软科学，2021（9）：182-192.

［403］薛爽，王禹．科创板 IPO 审核问询有助于新股定价吗？——来自机构投资者网下询价意见分歧的经验证据［J］．财经研究，2022，48（1）：138-153.

［404］阎达五，李勇．也谈美国会计造假事件［J］．会计研究，2002（9）：3-6.

［405］阎达五，孙蔓莉．深市 B 股发行公司年度报告可读性特征研究［J］．会计研究，2002（5）：10-17.

［406］杨兵，杨杨．企业家市场预期能否激发税收激励的企业研发投入效应——基于上市企业年报文本挖掘的实证分析［J］．财贸经济，2020，41（6）：35-50.

［407］杨晶，沈艺峰，李培功．网络负面舆论对高管薪酬公平与效率的影响［J］．经济管理，2017，39（2）：117-134.

［408］杨青，吉赟，王亚男．高铁能提升分析师盈余预测的准确度吗？——来自上市公司的证据［J］．金融研究，2019（3）：168-188.

［409］杨玉龙，吴文，高永靖，等．新闻媒体、资讯特征与资本市场信息效率［J］．财经研究，2018，44（6）：109-125.

［410］姚加权，冯绪，王赞钧，等．语调、情绪及市场影响：基于金融情绪词典［J］．管理科学学报，2021，24（5）：26-46.

［411］姚加权，张锟澎，罗平．金融学文本大数据挖掘方法与研究进展［J］．经济学动态，2020（4）：143-158.

［412］叶建华，周铭山，彭韶兵．盈利能力、投资者认知偏差与资产增长异象［J］．南开管理评论，2014，17（1）：61-68.

［413］伊志宏，杨圣之，陈钦源．分析师能降低股价同步性吗——基于研究

报告文本分析的实证研究［J］．中国工业经济，2019（1）：156-173.

［414］游家兴，吕可夫，于明洋，等．CFO地位与管理层报告样板化［J］．经济管理，2021，43（9）：172-188.

［415］于明洋，吕可夫，阮永平．文过饰非还是如实反映——企业避税与年报文本复杂性［J］．经济科学，2022（3）：112-126.

［416］于芝麦．“言由心生”还是“言不由衷”：管理层语调是绿色创新的信号吗？［J］．外国经济与管理，2022，44（6）：18-33.

［417］余芬，樊霞．高管认知、行业管制与企业创新持续性［J］．科研管理，2022，43（12）：173-181.

［418］余应敏，黄静，李哲．业财融合是否降低审计收费？——基于A股上市公司证据［J］．审计研究，2021（2）：46-55.

［419］俞红海，范思妤，吴良钰，等．科创板注册制下的审核问询与IPO信息披露——基于LDA主题模型的文本分析［J］．管理科学学报，2022，25（8）：45-62.

［420］袁淳，肖土盛，耿春晓，等．数字化转型与企业分工：专业化还是纵向一体化［J］．中国工业经济，2021（9）：137-155.

［421］原东良，郝盼盼，马雨飞．积极型还是防御型：期望绩效反馈与年报印象管理策略——来自管理层语调向上操纵的证据［J］．财贸研究，2021，32（7）：83-98.

［422］曾庆生，周波，张程，等．年报语调与内部人交易：“表里如一”还是“口是心非”？［J］．管理世界，2018，34（9）：143-160.

［423］翟淑萍，王敏，白梦诗．财务问询函能够提高年报可读性吗？——来自董事联结上市公司的经验证据［J］．外国经济与管理，2020，42（9）：136-152.

［424］张纯，吴明明．媒体在资本市场中的角色：信息解释还是信息挖掘？［J］．财经研究，2015，41（12）：72-83.

［425］张继勋，韩冬梅．网络互动平台沟通中管理层回复的及时性、明确性

与投资者投资决策——一项实验证据［J］. 管理评论, 2015, 27（10）: 70-83.

［426］张金山, 崔学良, 卢家锐, 等. 非正式信息披露质量能否影响企业创新——基于自媒体时代"互动易"和"e互动"平台的证据［J］. 厦门大学学报（哲学社会科学版）, 2022, 72（3）: 46-58.

［427］张新民, 金瑛, 刘思义, 等. 互动式信息披露与融资环境优化［J］. 中国软科学, 2021（12）: 101-113.

［428］张璇, 胡婧, 李春涛. 卖空机制与管理层语调操纵——业绩说明会文本分析的证据［J］. 经济科学, 2022（4）: 138-153.

［429］张叶青, 陆瑶, 李乐芸. 大数据应用对中国企业市场价值的影响——来自中国上市公司年报文本分析的证据［J］. 经济研究, 2021, 56（12）: 42-59.

［430］张勇, 殷健. 会计师事务所联结与企业会计政策相似性——基于TF-IDF的文本相似度分析［J］. 审计研究, 2022（1）: 94-105.

［431］赵晶, 陈宣雨, 迟旭. 基于文本分析的企业国际化测量方法及应用研究［J］. 中国软科学, 2021（1）: 136-146.

［432］赵晶, 迟旭, 孙泽君. "协调统一"还是"各自为政": 政策协同对企业自主创新的影响［J］. 中国工业经济, 2022（8）: 175-192.

［433］赵昕, 单晓文, 王垒. MD&A语调对企业脱实向虚风险的预示效应研究［J］. 管理学报, 2022, 19（7）: 1092-1102.

［434］赵妍妍, 秦兵, 刘挺. 文本情感分析［J］. 软件学报, 2010（8）: 1834-1848.

［435］赵杨, 吕文栋. 散户积极主义对审计决策的影响［J］. 审计研究, 2022（3）: 80-91.

［436］赵宇亮. 年报净语调对企业债权融资的影响研究［J］. 经济管理, 2020, 42（7）: 176-191.

［437］赵子夜, 吴秋君, 陈坚波. 财务报告中的市场化地理偏向和经济后果［J］. 会计研究, 2020（8）: 38-49.

［438］赵子夜，杨庆，杨楠．言多必失？管理层报告的样板化及其经济后果［J］．管理科学学报，2019，22（3）：53-70.

［439］支晓强，王智灏，王瑶．社交媒体互动沟通与投资者信任——基于公司违规事件的实证研究［J］．中国人民大学学报，2022，36（5）：150-164.

［440］钟凯，董晓丹，陈战光．业绩说明会语调与分析师预测准确性［J］．经济管理，2020，42（8）：120-137.

［441］钟凯，董晓丹，彭雯，等．一叶知秋：情感语调信息具有同业溢出效应吗？——来自业绩说明会文本分析的证据［J］．财经研究，2021，47（9）：48-62.

［442］周波，张程，曾庆生．年报语调与股价崩盘风险——来自中国A股上市公司的经验证据［J］．会计研究，2019（11）：41-48.

［443］周冬华，魏灵慧．媒体报道、环境不确定性与股价同步性［J］．财务研究，2017（3）：54-64.

［444］周开国，应千伟，陈晓娴．媒体关注度、分析师关注度与盈余预测准确度［J］．金融研究，2014（2）：139-152.

［445］周升师，苏昕．管理层讨论及分析语调对企业未来战略差异的预测作用研究［J］．管理学报，2023，20（3）：349-357.

［446］朱琳，陈妍羽，伊志宏．分析师报告负面信息披露与股价特质性波动——基于文本分析的研究［J/OL］．南开管理评论（网络首发），2021：1-16.

［447］朱孟楠，梁裕珩，吴增明．互联网信息交互网络与股价崩盘风险：舆论监督还是非理性传染［J］．中国工业经济，2020（10）：81-99.

附　录

附表1　网络业绩说明会示例

问/答	公司	发言人	内容	评价	评论	日期	是否回复
问	鞍重股份 002667	浏览用户9440	"公司连续三年现金分红比例均不低于当年实现的可供分配利润的10%，符合上市公司的有关规定"。你的理解能力原来如此呀。每年都应不低于当年的30%，连续三年呀。不分红的原因找到了。	👍(1)	👎(0)	💬(0)	2014-04-25 16:06:50	已回复
答	鞍重股份 002667	财务总监:封海霞	您好！公司利润分配政策为，公司每年以现金形式分配的利润不少于当年实现的可供分配利润的10%，符合上市公司的规定。感谢您对公司的关注。	👍(0)	👎(3)	💬(0)	2014-04-25 16:20:23	
问	鞍重股份 002667	浏览用户8416	请你自己算一下，你的0.079达到30%的0.86 分红比例了吗？小学数学何等差？	👍(0)	👎(0)	💬(0)	2014-04-25 16:03:27	未回复
问	鞍重股份 002667	浏览用户2684	贵公司连续三年现金分红均小于上市公司规定不小于30%利润，请问你们如何对待中小股东的利益，公开藐视证券会的规格，公司真牛咯。	👍(0)	👎(0)	💬(0)	2014-04-25 15:41:39	已回复
答	鞍重股份 002667	财务总监:封海霞	公司连续三年现金分红比例均不低于当年实现的可供分配利润的10%，符合上市公司的有关规定。	👍(0)	👎(4)	💬(0)	2014-04-25 15:52:59	
问	鞍重股份 002667	浏览用户7716	连续三年现金分红，小于上市公司规定不小利润30%的要求。你们怎么才能保护好中小股民的利益，你们藐公开藐视证券会的规定，真牛啊！	👍(0)	👎(0)	💬(0)	2014-04-25 15:32:44	已回复
答	鞍重股份 002667	董事长:杨永柱	您好，公司分红方案并未违反证监会等相关法律法规的规定，感谢您对公司的关注！	👍(0)	👎(0)	💬(0)	2014-04-25 16:51:34	
问	鞍重股份 002667	浏览用户7759	近几日股价暴跌和分红少有很大关系，公司为什么分红那么少？	👍(0)	👎(0)	💬(0)	2014-04-25 15:31:08	已回复
答	鞍重股份 002667	董事长:杨永柱	您好，公司近期股价波动与二级市场的波动息息相关，公司分红未违反证监会的相关规定。感谢您对公司的关注！	👍(0)	👎(2)	💬(0)	2014-04-25 15:48:15	

注：网络业绩说明会（鞍山重型矿山机器股份有限公司002667.SZ）问答环节说明示例（网页截屏）。

附表2 识别分红相关的关键词

序号	关键词
1	派息、分红、股利、红利、红股
2	10派、十派、元派、股派、派0-9、派送、派发
3	送0-9、十送、10送、股送、元送、送派、派送
4	派发、分派、派现、送股、送配、送转
5	回购
6	分配策略
7	分配方案
8	预案
9	利润分配、分配利润
10	利润不分配
11	现金分配
12	分配

注：①由于"预案"具有一般含义，我们手动排除了其他股权激励、重组、退市和发行计划。②由于"分配"具有一般含义，我们手动排除了业务、资源、物流、员工、生产和研发方面的其他分布。此外，我们手动删除了股权分置改革、员工奖金和债券回购的分配。

附表3 识别投资者对公司股利政策态度的关键词

序号	关键词	序号	关键词	序号	关键词	序号	关键词
1	为何不、为何、为何不分、为啥不、咋不、怎么不、为什么没有	10	走漏	21	低于，低于预期	32	不大方
		11	才会	22	不到，不及预期，不尽如人意	33	反对，不行
		12	没有任何			34	负面
2	为什么还要，何必	13	几乎没有	23	太少，偏少	35	少了点，欠缺
3	为什么只有	14	打击	24	这么少	36	学习
4	不送，不送转，不转送，都不送	15	不见	25	少于	37	打发
		16	拖	26	才有，才分，仅	38	能否提高
5	不考虑	17	消耗	27	少见	39	不分红
6	才会送股	18	不公平	28	极低，太低	40	而不是
7	不行	19	抠门，小气，吝啬，一毛不拔	29	不满、失望	41	还派什么
8	能不能			30	固执	42	对得起
9	避而不谈	20	那么低，这么低	31	元凶	43	不注重

序号	关键词	序号	关键词	序号	关键词	序号	关键词
44	忽悠	51	挡箭牌	57	见光死	64	平淡
45	出尔反尔	52	不合理	58	没底	65	不很匹配
46	变相	53	建议	59	定心丸	66	不是很理想
47	没有兑现	54	尖锐	60	坏处	67	从未，还未
48	没有达到	55	差，可怜，太次，太坏	61	恶意	68	差距
49	连续……无/不			62	不负责	69	连年无分红
50	担心	56	比较坏，比承诺差	63	伤心，可悲	70	迟

注：我们对分红问题的消极性进行双向排序；消极或非消极，上面列出的消极关键词会自动匹配，我们还使用诸如何时、什么、如何、是否、多少等关键词来判断非消极关键词，最后剩下的由人工编码。